Ludwig Thoma · Die Gedichte

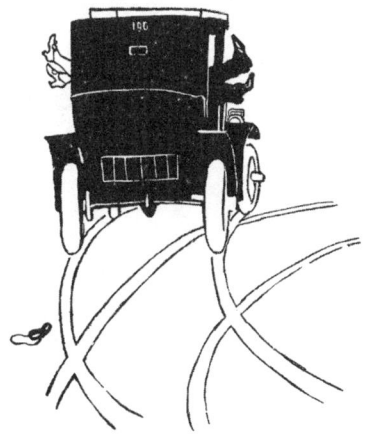

LUDWIG THOMA

DIE
GEDICHTE

Alle Gedichte aus dem »Simplicissimus«
bis zur ersten posthumen Werkausgabe

Herausgegeben von
Fritz & Katinka van Eycken

HAFFMANS VERLAG
BEI ZWEITAUSENDEINS

Diese Ausgabe folgt getreu den Erstausgaben.

1. Auflage, Juli 2012

Copyright © 2012 by Zweitausendeins Versand-Dienst GmbH,
Karl-Tauchnitz-Straße 6, D-04107 Leipzig.

Alle Rechte vorbehalten,
insbesondere das Recht der mechanischen,
elektronischen oder fotografischen Vervielfältigung,
der Einspeicherung und Verarbeitung
in elektronischen Systemen, des Nachdrucks
in Zeitschriften oder Zeitungen,
des öffentlichen Vortrags, der Verfilmung oder Dramatisierung,
der Übertragung durch Rundfunk, Fernsehen oder Video,
auch einzelner Text- und Bildteile.

Der gewerbliche Weiterverkauf und der gewerbliche Verleih
von Büchern, CDs, CD-ROMs, DVDs, Videos
oder anderen Sachen aus der Zweitausendeins-Produktion
bedürfen in jedem Fall der schriftlichen Genehmigung
durch die Geschäftsleitung der
Zweitausendeins Versand-Dienst GmbH in Leipzig.

Vignetten von
F. von Reznicek und B. Mennerberg.
Gestaltung & Produktion von Urs Jakob,
Werkstatt im Grünen Winkel, CH-8400 Winterthur.
Satz: Fotosatz Amann, Aichstetten.
Druck & Bindung: Ebner & Spiegel in Ulm.
Printed in Germany.

Dieses Buch gibt es nur bei Zweitausendeins im Versand,
Postfach 110307, D-10833 Berlin (für Bestellungen),
Telefon 069-4 20 80 00, Fax 069-41 50 03.
Internet www.Zweitausendeins.de.
E-Mail Service@Zweitausendeins.de.
Oder in den Zweitausendeins-Läden in Augsburg, 2x Berlin,
Bonn, Braunschweig, Bremen, Darmstadt, Düsseldorf, Erfurt,
Frankfurt am Main, Freiburg, Göttingen, 2x Hamburg, Hannover,
Karlsruhe, Kiel, Koblenz, Köln, Leipzig, Ludwigsburg, Mannheim,
Marburg, München, Münster, Neustadt an der Weinstraße,
Nürnberg, Oldenburg, Stuttgart & Ulm.

ISBN 978-3-86150-489-4

Inhalt

GROBHEITEN

»Simplicissimus«-Gedichte
von
Peter Schlemihl

Albert Langen
Verlag für Litteratur und Kunst
München 1901

DES DICHTERS KLAGE

Was bin ich für ein großer Lump!
Ich leb' das ganze Jahr auf Pump,
Ich stecke tief in Schulden.
O Himmel, Herrschaft, Sapperlott!
Ich treibe mit dem Höchsten Spott.
Wie lange wird man's dulden?

Die Tante sprach: Mein liebes Kind,
Sei nicht so, wie die andern sind!
Mich freut nicht, was ich sehe.
Nimm dir ein hübsches Mädchen nur
Mit voller, üppiger Figur;
Begieb dich in die Ehe!

Und gestern abend der Herr Rat,
Der sagte: Es ist wirklich schad',
Sie haben doch Talente!
Sie würden sicher Sekretär
Und später auch noch etwas mehr
Mit einem Staatspatente.

Mein Onkel, der ist ziemlich kühl;
Wenn er mich sieht, dann wird ihm schwül,
Er geht mir durch die Lappen.
Er sieht sich nach 'nem Laden um,
Er geht geschwinde hinten rum,
Er glaubt, er muß berappen.

Ich bin entgleist als Existenz
Und kenne selbst die Konsequenz
In unserm Staatsverbande;
Mit mir, da geht's noch einmal schief,
Ich sinke noch einmal sehr tief;
Es ist 'ne Affenschande.

ALTE MÄRE

Als im Altertum ein weiser König
Finster brütend auf dem Throne saß,
Sagt' sein Freund: Du sprichst mir heut' so wenig,
Edler Herrscher, fehlt dir irgend was?

Fehlen? Nein! Ich bin gesund, mein Bruder,
Aber ärgern thu ich mich nicht schlecht.
Sieh, es giebt im Volk so dumme Luder,
Diesen Kerlen macht man gar nichts recht.

Ich kann dieses, ich kann jenes sagen,
Jede Silbe wird mir kritisiert,
Und sie thun, als müßt' ich lange fragen,
Ob dem Pöbel es gefallen wird.

Großer König, sprach hier der Getreue,
Schau, da hätt' ich keinen solchen Zorn,
Wenn sie kritteln immer stets aufs neue,
Dann verschließe deiner Weisheit Born!

Als der Herrscher dieses Wort vernommen,
Sprach er leise: Freilich wär's gesund!
Die Idee ist mir schon lang gekommen,
Wenn den Born man nur verschließen kunnt!

IN DER BERLINER SIEGESALLEE

Wenn Sie mal nach Berlin reisen,
Hochverehrter, dann versäumen Sie nicht zu gehen
In die Siegesallee, bei der Bellevuestraße;
Da können Sie etwas wirklich Gediegenes sehen.

Andere Städte haben ja auch Denkmäler,
Aber höchstens ein bis anderthalb Dutzend,
Wenn Sie jedoch diesen Haufen beisammen erblicken,
Mein Lieber, da werden Sie wirklich stutzend.

Ich glaube, es sind auf jeder Seite zwanzig.
Jeder hat einen Säbel oder einen Hirschfänger,
Und mit der andern Hand macht er eine schöne
        Bewegung
Wie ein Kunstreiter oder wie ein Opernsänger.

Jeder thut so, als wollte er eben sagen
Sehr bedeutende, historische Worte.
Die ganze Gruppe ist schön weiß und proper verfertigt,
Wie von einem Konditor auf einer Hochzeitstorte.

Am besten ist es, wenn Sie eine Droschke benützen
Und zuerst die eine Reihe hinunterfahren,
Wenn Sie den Maskenball rechts werden gesehen haben,
Können Sie sich vielleicht die linke Seite ersparen.

Wenn Sie aber dennoch den Anblick riskieren,
So dürfen Sie nicht übermäßig erschrecken,
Wenn unterwegs das Pferd mitsamt dem Inhaber
Sollte vielleicht an der Drehkrankheit verrecken.

HOPLALA

Ich weiß nicht wie – so manchesmal
Denk' ich, es treibt der Karneval
Sein Spiel im Weltgetriebe.
Die Göttin der Gerechtigkeit
Versteckt sich in ein Narrenkleid
Und thut wem was zu Liebe.

Sie lächelt süß, sie ist kokett,
Sie macht sich gern nach oben nett
Und läßt sich oft beglücken.
Ich glaub', sie hat schon das Trala,
Das kommt vom vielen Dings ja, ja,
Das kommt vom vielen Bücken.

Die Politik hat auch 'nen Klaps.
Das meiste, was man sieht, ist Schnaps –
Das heißt: bei den Chinesen.
Ich hoffe sehr, daß niemand glaubt
Bei uns zu Land – denn überhaupt,
Das wäre grob gewesen.

So ein verfluchter Mandarin
Im allertiefsten China drin
Ist doch ein dummes Luder!
Weil so ein Ochs fast überschnappt,
Wird ihm ein Orden aufgepappt –
– Als gäb's nicht ganze Fuder! –

Der Sohn des Himmels – autsch Gebein!
Der Herr, der ist jetzt anders fein,
Er hat sich was gedrechselt.
Er kriegt 'ne neue Uniform –
Ach Gott, das Glück ist zu enorm –,
Mit der er öfter wechselt.

Ich wüßt' noch dies, ich wüßt' noch das,
Ich wüßt' noch manchen guten Spaß,
Ich käm' noch knüppeldicke.
Ich halt' das Maul. Ein dummer Hund,
Der mich einmal in China fund,
Kriegt' mich sonst beim Genicke.

FESTESFREUDE

Als sich seinerzeit der Kurfürst
Brandenburgs zum König krönte
Und sich die Allongeperücke
Mit dem Diadem verschönte,

Ward genehmigt, daß im Volke
Ehrfurchtsvolle Freud' entbrannte,
Weil von nun an »dero Liebden«
»Seine Majestät« sich nannte.

Unser Los verknüpft bekanntlich
Eng sich dem des Potentaten,
Darum wurde zu des Pöbels
Lustbarkeit ein Ochs gebraten,

Reiter sprengten durch die Straßen,
Warfen Geld in jede Ecke;
Hoch- und Höchstdieselben lachten,
Wenn der Mob sich wälzt' im Drecke.

Heute, nach zweihundert Jahren,
Ist man nicht mehr so entzunden.
Wenn sie oben Feste feiern,
Spürt man nichts im Volke drunten.

Heute stehen an den Thüren
Des geschmückten Königsschlosses
Andre Bettler; lest die Namen
Im Organe Rudolf Mosses.

Männchen machend, schweifewedelnd
Sitzt die Schar der Pudelhünde,
Und sie harren voll Begierde,
Daß man ihren Namen künde.

Keine Münzen, aber Orden,
Vogelbilder, schwarze, rote,
Werden unter sie geworfen,
Und sie balgen sich im Kote.

Und sie tänzeln und sie springen
Vor dem hohen Potentaten;
Lächelnd sehen wir dies Treiben,
Und kein Ochse wird gebraten.

SPRUCHWEISHEIT

Zu Zeiten, da man seine Weisheit nicht
Aus Leitartikeln schöpfte, wo die Alten,
Weil sie das wechselvolle Leben kannten,
Für sehr viel klüger als die Jungen galten,

Zu jenen Zeiten hat sich unser Volk
An guten Regeln einen Schatz gegründet,
Hat an der Väter Klugheit sich gehalten
Und nicht an schönen Reden sich entzündet.

Das war wohl gut so, und ich möchte euch,
Ihr Herrn vom grünen Tisch, ihr Diplomaten,
Von Herzen bitten, bringt sie ab und zu
Zum allerhöchsten Ohr der Potentaten.

»In allem halte Maß.« Das Wort
Ist wirklich wert, daß man es oft verwende,
Den Kopf behalte kühl und warm den Fuß,
Denn blinder Eifer führt zu schlechtem Ende.

Dann heißt es weiter: Schweigen ist wie Gold,
Die Red' ist silbern, manchmal auch von Bleche,
Es ist nicht nötig und es ist nicht gut,
Daß vor dem Handeln man geschwollen spreche.

Gelingt dir etwas oder scheint es so,
Dann mußt du nicht in lauter Freude toben,
Denn nichts Gewisses weiß man nicht und auch
Soll man den Tag nicht vor dem Abend loben.

Nichts wird so heiß gegessen wie gekocht,
Was dich nicht selber brennt, sollst du nicht blasen,
Man muß nicht überall dabei sein, und
In fremde Töpfe steckt nicht eure Nasen.

Ich wüßte noch so manches kluge Wort,
Doch hab' ich eine Weisheit nicht vergessen,
Die auch die Alten manchmal schon verspürt:
Mit großen Herrn ist nicht gut Kirschen essen.

HOHENLOHES ABSCHIED

Der Kanzler ging. Ich las es in der Zeitung,
»Familiennachricht« hieß es; kaum zwei Spalten
Genügten zu der Neuigkeit Verbreitung
Und zu dem Nachruf für den braven Alten.

Hier wär' Gelegenheit, sehr viel zu sagen
Von einst und jetzt und von der Zeiten Wandel.
Was einst die Welt bewegt in frühern Tagen
– Der Kanzlerwechsel – ist ein kleiner Handel.

Geräuschlos, unbemerkt ist er geschieden.
Des Reiches Kanzler ist a. D. geworden;
Man war mit seinen Diensten wohl zufrieden
Und gab's ihm schriftlich; auch dazu 'nen Orden.

Es war genau wie sonst, wenn ein pragmatisch
Vom Staate Angestellter muß verschwinden,
Weil er zu alt ward oder auch asthmatisch.
Wer kann dabei Bemerkenswertes finden?

Die Kanzler gehen und die Kanzler kommen;
Doch eines sehen wir auch ohne Brille:
Für immer hat den Abschied sich genommen
Das steife Rückgrat und der feste Wille.

NEUE SONNEN

Es ist nicht allzuschwer, berühmt zu werden,
Bei uns in Deutschland; sonst wo kenn' ich's nicht.
Hier ist jetzt alles Phrase, Ton, Geberden,
Der ist am besten, der am schönsten spricht;
Es sagt der deutsche Vater zu dem Sohne:
Des großen Kanzlers großer Epigone
Ist auch nicht schlecht.
Na, mir ist's recht.

Man machte früher nicht so viel aus Thaten,
Als heut' aus einem schönen Adjektiv;
Ist ihm ein Kraftwort rund und nett geraten,
Verbeugt sich alles vor dem Helden tief.
Es sagt der Bied're zu dem deutschen Bruder:
Ein rechter Mann ist Gott sei Dank am Ruder,
Es geht bergauf.
Ich pfeif' darauf.

Er stößt die Volksvertretung mit den Sohlen
Auf jenen Teil, womit der Deutsche sitzt,
Im ganzen Lande hören wir ein Johlen:
»Das hat gedonnert, ja! Das hat geblitzt!«
Es sagt der Nachbar zu dem Nachbarsmanne:
Wir wollen leeren eine volle Kanne,
Der Mann ist echt!
Und mir wird schlecht.

HILFE!

Hört mich, den Sänger mit dem dumpfen Tone!
Die Stimme zittert und die Thräne rinnt:
Der, wo noch glaubt, die Menschen sind nicht ohne,
Ihr Bürger, hört mich! – der ist falsch gesinnt.
    Ich sag' euch heute nur so viel wie dies:
    Das deutsche Volk ist wirklich äußerst mies.

Wo sind die Sitten? Wo die guten Zeiten,
Da ganz submissest jedermann erstarb?
Im tiefsten Kote vor den Fürstlichkeiten
Devotest bittend um ein Grüßchen warb?
    Für hohe Gnaden ist man nicht mehr reif,
    Und die Karnallje hält den Nacken steif.

Begegnen heute uns des Hofes Chaisen,
– Der Jäger vorne, hinten der Lakai –
Thut mancher so, als wär's ihm wurscht gewesen
Und fragt noch staunend: »was ist da dabei?«
    So merkt man deutlich, wie der Zeiten Zahn
    Bedenklich nagte an dem Unterthan.

Der Fürsten Worte waren einst gehütet
Von der Behörde wie ein gold'ner Schatz,
Und wurden laut in alle Welt getütet.
Heut' streicht man oft den allerschönsten Satz.
    Wenn von Beamten schon so was geschah,
    Was soll man denken? Und was sagt man da?

Und erst die Jugend! O die deutsche Jugend!
Ein jeder jammert, der sie etwas kennt,
Sie hat nicht diese, hat nicht jene Tugend,
Und hat zum Hunnenkrieger kein Talent.
    Auf gute Lehren sagt sie höchstens: »schrumm!«
    Und ist schon lange nicht mehr halb so dumm.

Das Anseh'n schwindet; helfen wir dem siechen!
Verzögern brächte schreckliche Gefahr.
O lernet wieder auf dem Bauch zu kriechen,
Und katzebuckeln, wie es früher war.
    Ihr werdet sehen, wie dies allen frommt,
    Und wie das deutsche Volk zu Ehren kommt.

AN EINEN SITTLICHKEITSAPOSTEL

Die dicke Luft Böotiens weht im Hause;
Verschlafen glotzt so mancher Kunstbanause,
Indes die Redner nacheinander wühlen
In sogenannten Sittlichkeitsgefühlen;
O welch ein Reichtum von Charakterstrenge
Verbarg sich doch in dieser bunten Menge!
Schaut euren Tugendhelden an, ihr Wähler!
Er ist nur heimlich unkeusch, wie Pennäler,
Bei Tag errötet er vor einem Kaktus,
Schimpft wie ein Rohrspatz über jenen Aktus,
Womit der Herr Papa sich einst erletzte,
Und leider Gottes ihn ans Licht versetzte –
Wie so ein Bursche sich doch nur gebärdet,
Weil sein entzündlich Blut er meint gefährdet!
Und weil der Trottel sieht an Milos Venus
Den Marmor nicht, nur hint' und vorn' das Genus,
Will andern er den Anblick frech verwehren.
Geh in ein Kloster, Hänfling! Laß dich scheren!
Und such im alten Testament die Beize,
Die du trotz allem Schimpfen liebst. – Uns laß die Reize,
Die wir in Werken uns'rer Dichter suchen,
Wir, die nicht Pfaffen sind, und nicht Eunuchen.
Du magst auf deine Art in Büchern schnüffeln,
Das Schwein sucht Rosen nicht, es sucht nach Trüffeln.

STOSST AN!

Stoßt an! Bonn soll leben, hurra hoch!
Stoßt an! Bonn soll leben, hurra hoch!
    Der Philister bleib' uns gewogen zumeist
    Mit seiner Ahnung vom freien Geist!
        Immer feudal! Immer feudal!

Stoßt an! Borussia lebe, hurra hoch!
Stoßt an! Borussia lebe, hurra hoch!
    Zu den anderen Korps kommt ein Kunz oder Hinz,
    Bei uns wird aktiv oft ein wirklicher Prinz.
        Immer feudal! Immer feudal!

Stoßt an! Freies Wort lebe, hurra hoch!
Stoßt an! Freies Wort lebe, hurra hoch!
    Wir üben in frühester Jugend uns schon,
    Wie man sich benimmt im Verkehr mit dem Thron.
        Immer feudal! Immer feudal!

Stoßt an! Männerstolz lebe, hurra hoch!
Stoßt an! Männerstolz lebe, hurra hoch!
    Wer die Wahrheit kennet und saget sie nie,
    Bereitet sich vor für die Diplomatie.
        Immer feudal! Immer feudal!

Stoßt an! Frauenlieb' lebe, hurra hoch!
Stoßt an! Frauenlieb' lebe, hurra hoch!
    In der Jugend verliert man die Haar' beim Ballett,
    Die Freifrau kriegt später 'nen Kahlkopf ins Bett.
        Immer feudal! Immer feudal!

Stoßt an! Burschenwohl lebe, hurra hoch!
Stoßt an! Burschenwohl lebe, hurra hoch!
    Bei uns sitzt ein Prinz auf der nämlichen Bank,
    Wir machen wohl alle noch Avanxemank.
        Immer feudal! Immer feudal!

DIE FEINEN

Zwei i. a. C. B.'s und drei C. B.'s,
Die man niemals im Kollege sah,
Bummelten infolge Katerweh's,
Da begegnet ihnen ein a. H.

Seines Zeichens war er Ref'rendar.
Protokolle schreibend beim Gericht,
Dient' dem Staate er seit einem Jahr.
Manche Narbe schmückte sein Gesicht.

Ihm entgegen schritt jetzt der F. M.,
Jeder grüßte einfach tadellos,
Schnarrte: »Mahlzeit!« und »sehr angenehm!«
Gegenseitig war die Achtung groß.

Jeder hatte vor sich selbst Respekt,
Jeder kam sich äußerst wichtig vor
Und benahm dabei sich sehr korrekt,
Wie es üblich ist im feinen Korps.

Da ihm dies gefiel, sprach sehr gelehrt
Auf der Kneipe abends der a. H.
Von der Korps erzieherischem Wert.
Stinkbesoffen wurde jeder da.

DIE WEISEN JURISTEN

Ja, ja, den Künstlern fehlt die Logik!
Sie genießen nicht die rechte Pädagogik.
Ich denke von ihnen auch gering,
G'rad so, wie der Herr von Nieberding.
Es geht keiner auf die Universität,
Und lernet dortselbst von früh bis spät,
Wie dieses thut ein braver Jurist,
Der drei Jahre lang sauft und frißt,
Und die Mitgift der armen Schwestern,
Verjubelt in flotten Korpssemestern,
Bis er, weil es nicht anders geht,
Sich endlich mürrisch dazu versteht,
Und lernt in zehn Wochen den ganzen Mist,
Den er bedarf als guter Jurist,
Um andere Leute gering zu schätzen
Und selber recht saudumm daher zu schwätzen.

DIE GESTRENGEN

Ihr Herren Maler! Ihr Herren Dichter!
Betrachten wir einmal unsere Richter!
Da wir nächstens mit ihnen Bekanntschaft schließen,
Darf euch die Mühe nicht verdrießen.
Da sitzen sie oben, feierlich, stumm.
Wir blicken hilflos im Kreise herum,
Und prüfen die Mienen der strengen Herren,
Die die Macht besitzen, uns einzusperren.
In der Mitte thront der Herr Präsident,
Der keine Kunst und kein Mitleid kennt.
Seitdem ihn das Zipperlein öfter zwackte,
Haßt er von ganzem Herzen das Nackte.
Der rechter Hand sitzt und so grimmig lacht,
Wenn der Präsident eine Bemerkung macht,
Die über uns bildet einen Witz,
Ist zwar keine Leuchte der hohen Justiz,
Aber beliebt bei dem Herrn Minister;
Und ist nierenleidender Korpsphilister.
Der Herr zur Linken ist auch ganz Ohr
Für den Präsidenten, und kehrt hervor
Das helle Staunen vor so viel Geist,
Wie sich aus dessen Reden erweist.
Er zeigt uns mit besonderer Verve
Seine Verachtung als Leutnant der Reserve.
Die andern Zwei sind mehr jovial.
Sie freuen sich schon auf ihr Mittagsmahl,
Das sie fröhlich einzunehmen gedenken,
Wenn es ihnen gelang, uns hereinzusenken.
Ihr Herren Maler, ihr Herren Dichter!
Was prüft ihr so lange diese Gesichter?
Sucht ihr den Geist von der Akademie,
Der hohen Schule? Den findet ihr nie!

Oder höchstens in einigen breiten Schmissen,
Womit sie das Antlitz entzwei gerissen,
Die sie sich schlugen auf Maul und Nase,
Bei einem Korps oder einer Blase,
Als sie noch bei der Kneiperei
Im Chorus sangen, »Der Bursch ist frei«
Und daß man die Wahrheit sagen müßt.
Das haben sie längst schon abgebüßt;
Seitdem sie die Leber sich sauer gesoffen,
Ist es vorbei mit dem Schwärmen und Hoffen.
Wer in Bier ertränkte die schöne Jugend,
Ist desto mehr für die strenge Tugend;
Die Ideale sind eitel Dunst.
O Herrgott, schütze die arme Kunst!

DIE THRONSTÜRZE
Ein Couplet

Immer nur so durchjeschloffen,
Nischt jelernt und viel jesoffen,
Roch ich sehr nach Biere.
Endlich bin ich durchjeschwommen,
Bin im Staatsdienst anjekommen
Mit 'ner sauren Niere,
　　Hopsasa, tralala!
　　Mit 'ner sauren Niere.

Doch da peu à peu die Kröten,
Die ich hatte, jingen flöten,
Weil ich's trieb zu tolle,
Hab' ich mich nich lang besonnen,
Hab' mich feste injesponnen,
Nahm mir eene Olle,
　　Hopsasa, tralala!
　　Nahm mir eene Olle.

So 'ne olle, fette, dicke,
So 'ne rechte plumpe Zicke
Aus dem Bürgerstande.
's is nicht schön, mit ihr zu leben,
Darum hab' ich mich jejeben,
Janz dem Vaterlande,
　　Hopsasa, tralala!
　　Janz dem Vaterlande.

Führ' 'ne heftige Bataille
Mit der dummen Preßkanaille,
Leg' sie auf die Latte.
Will ich mir mal amusieren,
Laß den Jeist ich maltraitieren,
Den ich selbst nich hatte,
    Hopsasa, tralala!
    Den ich selbst nicht hatte.

Scharf nach unten, mild nach oben,
Öffentlich den Herrgott loben,
Heimlich is man kalte.
Bald 'nen Tritt, un bald 'nen Orden,
Mancher is schon so jeworden
Oberstaatsanwalte,
    Hopsasa, tralala!
    Oberstaatsanwalte.

HEILIGE VERTRÄGE

Es ist ein Jahr, da saßen sie im Haag,
Der Fürsten hochwohlweise Abgesandte,
Sie schwätzten jeden gottgegeb'nen Tag
Und bliesen, was doch sicher keinen brannte.

Sie drehten sich um eines Fürsten Wort,
Dem seine Langeweile ging zu Herzen,
Und der sich plötzlich fühlt' als Friedenshort,
Als Heiland für der Menschheit arge Schmerzen.

Sie schmierten jeden Tag ein Protokoll
Und schrieben feierlich voll milder Tugend,
Daß sich nicht künftig mehr verbluten soll
Für ihre Fürsten ganz Europas Jugend.

Das Schauspiel schloß mit hergebrachtem Pomp,
Musik, Tedeum, Reden, Glockenbimmeln,
Die Herrscher müssen immer mit Applomb
Sich gegenseitig vor der Welt verhimmeln.

Was aber blieb von dem verbrieften Pakt?
Von allen Eiden, Reden, von der Feier?
Der erste Schuß zerfetzte den Kontrakt
Drei Monat' später. 's ist die alte Leier,

Und wird es bleiben, denn die Welt ist dumm,
Sie läßt sich immer wieder gern betrügen,
Sie nimmt als Sakrileg es wirklich krumm,
Zeigt man ihr schonungslos die hohlen Lügen.

TRAUERKLAGE

Der Krieg ist »heilig«, der Krieg ist gut,
Flösse dabei nicht auch blaues Blut.
Fielen nur Gemeine und Bauern,
Wäre die Sache nicht sehr zu bedauern.
Aber – hier kommen des Mitleids Töne –
Aus den besten Familien fallen die Söhne.

In der Schlacht fällt mancher, fällt allerhand
Mit Gott für König und Vaterland.
Der größere Teil davon ist schofel,
Arbeiter, Bauern und sonstiger Pofel.
Blieben doch nur in ihrer Schöne
Aus den besten Familien erhalten die Söhne!

Burenmutter, was weinst du so laut?
Und du, arme verlassene Braut?
Weil euch die Räuber den Liebsten erschossen?
Ach, da sind andere Thränen geflossen!
Von wirklichen Ladies um ihre Baröne!
Aus den besten Familien fielen die Söhne.

Und fallen noch weiter. Geht ins Gericht
Mit ihnen, Buren, und schont sie nicht!
Ihr braven, tapferen Bauernkerle
Erschießt noch manche Gesellschaftsperle,
Die nichts thut und wächst wie die Lilie,
Den Sohn aus der guten Familie!

ENGLANDS FRAUEN

Den Brittenfrauen sei dies Lied geweiht,
Des grünen Englands lang gestielten Rosen,
Bei denen gilt als Unaussprechlichkeit,
Was wir in Deutschland nennen »Unterhosen«.

Ihr kennt es wohl, das lange, blonde Ding
Mit einem Gänsehals und freien Haaren,
So mädchenhaft und zart, so like the spring,
So frühlingsduftig und so unerfahren.

Ihr müßt sie kennen, weil sie ja den Ton
Und noch Verschiedenes bei uns regieren,
So manches Thrönchen und so manchen Thron
– Ich bin sehr höflich – sagen wir: »verzieren«.

Ich lieb' sie innig. Geht's euch ebenso?
Sie üben Milde doch in allen Dingen!
Fängt so 'ne Lady abends sich 'nen Floh,
Sie ist imstand und läßt ihn wieder springen.

Noch jede Katze ward bei ihnen fett
Und durfte ungestört das Haus verdrecken.
Auch gegen Hündchen sind sie wirklich nett,
Erlauben ihnen gern, sie abzuschlecken.

Doch keine rührt sich, wenn der edle Lord,
Weil er an Männer sich nicht mag getrauen,
Die Farmen niederbrennt und feigen Mord
Wehrlosen Knaben droht und schwachen Frauen.

Ihr guten Damen, treibt euch nicht die Scham
So was wie Röte in die zarten Frätzchen?
Ach nein! Das paßt ja nicht in euern Kram!
Viel lieber gebt ihr euerm Mops ein Schmätzchen.

FRÜHLING

Nun ist es Mai geworden. Die Poeten
Erschauern pflichtgemäß in Frühlingstrieben
Und riecheln wonnevoll an Blumenbeeten.
Ich aber freu' mich an den derben Hieben,
Von denen täglich wir nun wieder lesen
In großen, fetten, schwarzgedruckten Lettern,
Wenn da und dort das Glück abhold gewesen
Den mit so vielem Recht geliebten Vettern.
Ich denk' daran, wie Englands rohe Meute,
So frech und patzig noch vor wenig Tagen,
Sich gierig teilte in die reiche Beute;
Und mich erfüllt ein grimmiges Behagen.
Wie ist es jetzt? Müßt ihr noch annektieren?
Müßt in Pretoria sein in wenig Wochen?
Wird an der Spitze Roberts selbst marschieren,
Wie er den Garden neulich hat versprochen?
Das ist ein Frühling! Scharfe Winde fegen
Den Himmel rein. Die Sonne scheint uns heller,
Die Wolken schwanden, die davor gelegen.
Holt mir die beste Flasche aus dem Keller!
Wir wollen frohgemut den Hals ihr brechen!
So große Freude darf nicht trocken liegen.
Ich mein', es sei ein guter Grund zum Zechen,
Wenn deutsche Bauern für die Freiheit siegen.

OHM KRÜGER

Er kam herüber, bieder, schlicht und ehrlich
Zeigt er das Unrecht, seines Volkes Not,
Und fällt Europas Fürsten jetzt beschwerlich.
Wird keiner vor dem alten Manne rot?

Stockt euch der Herzschlag nicht, will er euch schildern,
Wie sich der deutsche Bauer drüben wehrt?
Brennt euch die Stirne nicht vor seinen Bildern,
Fühlt keiner, daß die Schmach auch ihn entehrt?

Ihr zuckt die Achseln; ja, wer konnt' es hindern?
Ihr habt in Haag euch mit viel Ruhm bedeckt,
Doch vor dem Mord an Weibern und an Kindern
Hat sich die Schar der Schwätzer feig versteckt.

Was hoffst du, alter Mann, von ihrem Glauben?
Den Herrgott haben sie wohl oft im Mund,
In seinem Namen läßt sich viel erlauben
Und unter seiner Firma treibt sich's bunt.

Hilft alles nicht, willst du an uns dich wenden,
Die V ö l k e r hassen Englands Tyrannei;
Laß dich von unserm Jubel nicht verblenden,
Was wir auch wollen, sieh, wir sind nicht frei!

Wir dürfen euch zu Ehren manchmal singen
Im tiefen Basse: von der Freiheit Hauch,
Von Hochgefühlen, die die Brust durchdringen.
Doch vor den Fürsten liegen wir am Bauch.

Geh, alter Mann, sag deinen braven Bauern:
Die deutsche Treue hält nicht in der Not.
Nicht wir an e u c h , übt ihr an u n s Bedauern.
U n s bleibt die Schande, e u c h ein freier Tod.

DIE WAHRHEIT

Ihr lieben Freunde über dem Kanal,
Ich trage schwere Sorge euretwegen;
Ihr könntet glauben nach so manchem Ding,
Es wär' an euch uns wirklich was gelegen.

Zwar wurde *ex officio* geplärrt,
Und manche Zeitung brachte schwarz umrändert
Die Trauernachricht, die bloß euch betrübt.
Bei uns zu Lande hat das nichts geändert.

Knallt auch in *Spitehead* mancher deutsche Schuß,
Und stehen schöne Phrasen auch zu lesen
Im Reichsanzeiger, – 's ist ja doch nicht wahr!
Uns Deutschen ist es furchtbar wurst gewesen.

Und euer König – na, ihr seid ihn wert!
Habt ihr recht viele zu dem Spaß geladen,
Den ihr erlebt, wenn stolz der Herold ruft:
Auch dieser Herrscher sei von Gottes Gnaden?

Ihr lacht wohl selber, wenn ein Höfling naht,
Um Phrasen der Ergebenheit zu schwätzen?
Spart euren Spott! Wir haben keine Schuld;
Wir wissen euere Herrn recht wohl zu schätzen.

Das wollt ich sagen, weil ihr sonst vielleicht
Zum Schlusse selber glaubt die groben Lügen.
Jetzt schießt in *Spitehead*! Schießt, so viel ihr könnt!
Wen wollt mit dem Spektakel ihr betrügen?

O DEUTSCHER SPIESS

»Habt ihr gehört, Herr Nachbar, eieiei?
Pst, Nicht so laut! Sie meinen doch den Orden,
Den Roberts kriegte? Hm, ich sag es frei,
Ich wäre wirklich beinah wild geworden.«

»Gar manchen Deutschen hat das sehr verstimmt;
An was, Herr Nachbar, soll man sich noch halten?
Wer weiß, was alles über uns noch kimmt?« –
Ihr dummen Kerle, zieht die Stirn in Falten

Und flüstert ängstlich von dem großen Zorn,
Der heftig wallen läßt euch das Geblütchen!
Ich möchte wissen, warum so ein Horn
Mit Redensarten stachelt das Gemütchen.

In vierzehn Tagen herrscht die tiefste Ruh,
Man hat 'ne Frau daheim und Kinder sitzen.
Der Zorn war echt, doch aber und ja nu,
Man treibt die Sachen doch nicht auf die Spitzen!

Am Ende war die Diskussion verfrüht?
Laßt nur einmal zuerst den Kanzler sprechen;
Es werden sicher alle abgebrüht,
Die jetzt so laut zu schreien sich erfrechen.

Sei ruhig, Spießer! Nur nicht aufgemuckt!
Man schlägt dir deine Meinung um die Ohren.
Du hast, weiß Gott, so vieles schon geschluckt,
Und bist nun einmal zum Lakai geboren.

AUS SÜDAFRIKA

Wir hörten schon so manches Stücklein melden
Zum ewigen Ruhme der englischen Helden.
Das beste blieb uns noch aufgehoben,
Wir dürfen sie heute aufs neue loben.
Erbittert nach den empfindlichen Hieben,
Haben sie Weiber und Kinder zusammengetrieben.
Die mußten in glühender Sonne kampieren,
Wer's nicht vermochte, der konnte krepieren.
Die Mütter sahen die Kleinen sterben
Und mußten selber langsam verderben.
Konnten nicht helfen, konnten nur bitten;
Kein Mensch mag ermessen, was sie gelitten
Um ihre Kinder. Was thaten die Armen?
Zum Teufel mit dem dummen Erbarmen!
Es traf die Väter, die sich erfrechten,
Noch immer für Haus und Hof zu fechten.
Die es vollbrachten, sind Christen gewesen,
Die den Heiland tragen zu den Chinesen,
Und die Bibel von hinten bis vorne kennen,
Und den lieben Gott ihren Dutzfreund nennen.
Das Stücklein von den blutigen Hunden,
Das Stücklein ist wahr! Nicht hat es erfunden
Ein märchenschreibender Zeitungslenker.
Und der es befohlen, der Weiberhenker,
Der tapfere Roberts – die Wahrheit ist bitter –
Ist königlich preußischer Ordensritter.

DIE LETZTEN BURENKÄMPFER

Der Herr hat seine Hand von uns gezogen,
Den wir mit Herz und Mund so oft gepriesen,
Die weisen Fürsten haben uns betrogen.
Jetzt zeigt den Bauerntrotz der alten Friesen.

Die liebe Heimat darf der Feind verderben,
Und schweigend hat die Welt es zugegeben.
Ihr Brüder, ist es besser nicht, zu sterben,
Als mit den Feigen kläglich weiterleben?

Sie sollen ihren Ruhm noch teuer zahlen,
Und manche Witwe soll noch lange trauern,
Dann mögen sie an Fürstenhöfen prahlen
Mit ihren Siegen über arme Bauern.

RACHELIED

Ich will euch gelbem Schweinepack,
Euch schäbigen Chinesen,
Geht mir nicht ganz die Puste aus,
Den Text mal gründlich lesen.
    Schnedderengdeng!
    Ihr seid mir z'weng!
    Vierhundert Millionen,
    Keinen will ich schonen,
    Alle bring' ich um!
    Tschin! Bumm!

Ich hau' euch, bis ihr Läuse kriegt,
Ich mach' euch noch zu Christen,
Ihr ganz gemeines Lumpenvolk,
Ihr schuftigen Buddhisten!
    Schnedderengdeng!
    Ihr seid mir z'weng!
    Vierhundert Millionen,
    Keinen will ich schonen,
    Alle bring' ich um!
    Tschin! Bumm!

Wenn einer mit den Augen zwinkt,
Dem lest gleich Seelenmessen,
Der Kerl wird zu Wurst verhackt
Und auf dem Kraut gefressen!
    Schnedderengdeng!
    Ihr seid mir z'weng!
    Vierhundert Millionen,
    Keinen will ich schonen,
    Alle bring' ich um!
    Tschin! Bumm!

Euch soll die höhere Kultur
Durch alle Löcher dringen,
Und tausend Jahre sollt ihr noch
Das Lied vom Christen singen!
 Schnedderengdeng!
 Ihr seid mir z'weng!
 Vierhundert Millionen,
 Keinen will ich schonen,
 Alle bring' ich um!
 Tschin! Bumm!

HURRA!

Wer ist das mit dem Tropenhut
Und mit den großen Sporen?
Paßt auf, der Mann spricht viel und gut,
Spitzt eure langen Ohren!
 Verkündet es mit Jubelschall,
 Es ist ja der Herr General,
 Der Generaloberstfeldmarschall!
 Täterä!

In Hamburg und in Bielefeld,
Hannover, Frankfurt, Bremen
Und wo noch sonst der Eilzug hält,
Da läßt er sich vernehmen.
 Er hält 'ne Rede überall
 Und sagt: ich bin der General,
 Der Generaloberstfeldmarschall!
 Täterä!

Drum ward er auch ganz ungeniert
Und ohne langes Fragen
Den Mächten meuchlings octroyiert.
Was wollten sie denn sagen?
    Nanu, nu eben ist er mal
    In Gottes Namen General,
    Der Generaloberstfeldmarschall.
        Täterä!

Indessen hier Graf Waldersee
Die nächste Red' erwogen,
Ist Japan, – ei Herrjemmersch nee! –
In Peking eingezogen.
    Das macht nichts, das ist ganz egal,
    Er war ja doch der General,
    Der Generaloberstfeldmarschall.
        Täterä!

Wir Deutsche kannten früher nicht
Soldaten dieser Sorte;
Sie thaten schweigend ihre Pflicht
Und mieden große Worte.
    Was soll der schöne Redeschwall
    Schon vor dem Sieg, Herr General,
    Herr Generaloberstfeldmarschall?
        Täterä?

EIN RENNER

»Ereignisse in China.« Fett gedruckt,
Muß ich es täglich in der Zeitung lesen.
Ich räuspere mich, und wenn ich ausgespuckt,
Mach ich mich eifrig hinter die Chinesen.

Der alte Tropf, so so, der Li-Hung-Tschang
Versucht die Mächte gründlich auszuschmieren?
Mich wundert's nicht, er kennt ja ziemlich lang
Die Herren, welche hier zu Land regieren.

Ich seh' den Kerl, wie er spöttisch lacht,
Hört er die Sprüche der Kulturnationen,
Die jetzt so plötzlich alle einig macht
Die Liebe zu diversen Religionen.

Er spendet seinen Leuten guten Trost;
Laßt sie nur grimmig mit den Waffen klirren,
Sie sind im Ernste nicht so sehr erbost;
Ich weiß das Mittel, sie uns schnell zu kirren.

Ich nehm' den Ein' und Andern still beiseit,
Und sage: quatsch doch nicht von Idealen!
Was kost' dein Anteil an der Christenheit?
Ich will ihn dir wahrhaftig gut bezahlen.

Ihr werdet sehen, wie der Edle schwenkt,
Sich von den andern trennt mit krummen Lügen.
Laßt ihn nur machen! Ärger als ihr denkt,
Werden die Glaubensbrüder euch betrügen.

WOCHENSCHAU

Am Montag meldet mir die Zeitung:
Die Truppen fechten jetzt in Peitung.
Die Boxer hauen kräftig zu
Bei Taotse, Tiautifu.

Am Dienstag kriegen wir zu lesen:
Der Friede kommt, und die Chinesen,
Die sichern große Sühne zu
Durch ihren Kaiser Küangsu.

Am Mittwoch will sich's wieder wenden.
Die Sache scheint doch schlimm zu enden.
Die Boxer stören jetzt die Ruh
In Shanghai, Hongkong, Singanfu.

Am Donnerstag ist gut die Lage,
Am Freitag wieder sehr in Frage.
Dem guten Bürger machen bang
Der Ho, der Tschin, der Li-Hung-Tschang.

Am Samstag ist die Not vorüber,
Doch Sonntags wird es um so trüber.
Es heulen ihren Kriegsgesang
Der Tuan und Tungfuhsiang.

Hol' euch der Teufel, Zeitungsschmierer!
Euch Lügenbeutel, Leutvexierer!
Ich hau' den Hund, den Tintenfisch
Wie, wo und wann ich ihn erwisch.

BEKENNTNIS

Ihr wünschtet heute wohl von dem Poeten,
Daß er nicht still sei, sondern seine Stimme
Vermische mit dem Schall der Kriegstrompeten
Und so wie ihr in Siegesjubel schwimme.

Ich will, wo alle laut sind, lieber schweigen.
Ist euer Eifer echt, dann mag er gelten,
Und hab' ich unrecht, sollt ihr mir es zeigen,
Doch ungehört dürft ihr nicht schlecht mich schelten.

Was giebt uns Grund zum überlauten Lärmen,
Zu großen Reden, schmetternden Fanfaren?
Schon mehr als einmal brachte tolles Schwärmen
Der deutschen Heimat drohende Gefahren.

Dem Manne, sagt ihr, zieme frisches Wagen
Und löblich sei es, in das Reich der Mitte
Den Überfluß von Christentum zu tragen
Und unsern Vorrat an Kultur und Sitte.

Den phrasenreichen Eifer laßt euch dämpfen,
Und stimmt herab die hochgespannten Tönel!
Seht ihr denn nicht an eurer Seite kämpfen
Des frommen Englands blutbeschmierte Söhne?

Ich hör' euch reden von des Landes Ehre;
Der opfert willig ihr die deutsche Jugend.
Für Einen sterben Tausend. – Eure Lehre
Ist wahrlich streng und eisern eure Tugend.

Vor solchen Helden kann ich nur erschauern,
Und wünsch' von Herzen euch in bangen Sorgen:
Es möge eure Freude überdauern
Nicht bloß das Heute, sondern auch das Morgen.

AM SYLVESTERABEND

Wie schön, o Mensch, mit deinem Palmenzweige
Stehst du mit großem Stolz und Selbstgenügung
Zum zweitenmal an des Jahrhunderts Neige!
Im Vorjahr war's nur preußische Verfügung.

Civis Germanus laß dir heute brauen
Die große Bowle voll des heißen Punsches,
Zünd' eine Pfeife an; dann laß uns schauen,
Was schon erreicht, und was noch Ziel des Wunsches.

Hast du bedacht und hast du wohl erwogen?
Auf deiner Stirn trägst du den Weltmachtsstempel,
Du hast jetzt Ruhm und Ehre eingesogen
Wie früher Schnaps und Wein und andern Plempel.

Die deutsche Fahne weht in fernen Zonen;
Graf Waldersee befehligt die Paraden.
D i r kosten sie zweihundert Millionen
Und den Ministern billige Tiraden.

Moderner Hunne, laß uns darauf prosten,
Es lebe Blücher, Waldersee und Wrangel!
Du siehst die Thaten, die dich soviel kosten,
Dafür im Biograph' im Tingeltangel.

Du siehst die schönen Bilder in der »Woche«,
Kann auch die Zeitung keine Thaten melden;
In dieser groß gearteten Epoche
Macht nicht die T h a t , das L i c h t b i l d macht den Helden.

Ja, deutscher Spieß, du wirst zur Zeit bewundert.
Von deinem Mute ist man hingerissen,
Man rühmt es noch im kommenden Jahrhundert,
Wie ihr den alten Krüger rausgeschmissen.

Laß das erhabne Bild uns noch ergänzen,
Es zeigt dir deutlich, was wir jetzt erleben,
Daß wir auch innen, nicht bloß außen glänzen.
Es muß nicht gleichwo solche Lumpen geben.

Stoß an mit mir und laß dein Glas erklingen,
Das Jahr ist um; ein Scheidegruß dem alten!
Das neue wird uns viele Reden bringen,
Nur du, mein Lieber, hast das Maul zu halten.

NEUE SCHULE

Verbiss'ner Nörgler, leberkranker Schwätzer,
Erstickt im Halse dir jetzt die Kritik?
Verstehst du endlich, blöder Volksverhetzer,
Die ganze Größe unsrer Politik?

Ich seh' es noch, wie du den Mund verzogen,
Als ich erzählte, daß der deutsche Aar
Mit scharfen Fängen sei gen Ost geflogen.
Nun sag' es selber, ob es anders war?

Fühlst du nicht Scham darob in diesen Tagen,
Wo froh sich rüstet unser deutsches Land,
Um den zu feiern, der umsonst getragen
Den Marschallstab als Oberkommandant?

Ist es nicht herrlich, wenn wir heute lesen,
Der so gepriesen wurde als Soldat,
Sei zwar in diesem Punkt für nichts gewesen,
Doch klug und brauchbar als ein Diplomat?

Als Friedensengel hat er sich bethätigt,
Der Schlachtenlenker, unser Kriegesheld.
So hat kein Wort von allem sich bestätigt,
Was wir verkündet der erstaunten Welt.

Das wundert niemand im Regierungskreise,
Denn so wird heute Politik gemacht;
Die Dinge gehn auf ihre eigne Weise,
Und immer anders, als man sich gedacht.

HANDEL UND WANDEL

Mir liegt als Dichter wahrlich schwer im Magen
Bei solcher Hitze hohe Politik,
Man sollte doch – und möchte etwas sagen
Mit weiser Miene und besorgtem Blick.

Ja, ja, Herr Nachbar, 's ist ein Stück Geschichte
Was wir erleben, seh'n Sie, die Kultur
Geht mit Barbaren wieder ins Gerichte
Und nimmt die Bengel ordentlich in Kur.

Sie sprachen richtig von der Zeiten Wandel;
Wir müssen Absatz haben, das Gebiet
Erweitert täglich sich für unsern Handel,
Wenn hier der Schwindel nicht mehr völlig zieht.

Es liegt ein großer Zug im Geldverdienen;
Man bringt so manches ja daheim nicht los;
Gepanschten Schnaps zum Beispiel, alte Eisenschienen,
Doch überm Wasser geht das Zeug famos.

Und geht es nicht, will das Gesindel bocken,
Herr Nachbar, giebt es neuerdings Profit,
Man stellt Soldatenlümmel auf die Socken.
– Die Herrn Kommerzienräte thun nicht mit,

Sie dürfen sich für ihre Erben schonen
Und schöpfen aus dem Krieg noch Überschuß,
Denn auch der Feind braucht Flinten und Kanonen,
So kommt die Waffenindustrie in Fluß.

MÜDIGKEIT

Noch alle Jahre, wenn der Sommer naht,
Ist mir der eifervolle Sinn vergangen.
Die hohe Politik ist mir Salat
Und volle Wurschtigkeit hält mich umfangen.

Was regt's euch auf, wenn ein Minister geht?
Von mir aus kann der Herr noch länger bleiben.
Ich lese nicht, was in der Zeitung steht,
Ich trinke Bier und schneide Rettigscheiben.

Erzählt mir einer: Gestern im Gefecht
Sind die Chinesen fürchterlich geschlagen,
Ich sage: So? Das ist ja nett und recht,
Da hat sich wieder mal was zugetragen.

Es ist ganz gut, trägt sich mal etwas zu,
Es giebt so Leute, die sich int'ressieren,
Nur mich, mein Lieber, lassen Sie in Ruh,
Mir kann die Schießerei nicht imponieren.

Im Sommer bin ich durchaus Philosoph,
Der sich beschäftigt mit den kleinsten Dingen;
Zum Beispiel denk' ich nach, warum der Schwoof
Von einer Kuh beständig ist im Schwingen,

Ich will erkennen, was das gute Tier
Bestimmt und antreibt, diesen zu bewegen;
Ich trink dabei so fünf, sechs Halbe Bier,
Um wenn ich voll bin, mich ins Bett zu legen.

HYMNUS AN AUGUST SCHERL
anläßlich der Ordensverleihung

Der du die Wildsau hast im Blatt geschildert,
Wie sie den allerhöchsten Stoß bekommt,
Der alles, was es giebt, gelichtgebildert,
Nun hat dir endlich deine Müh' gefrommt.
    Heil dem Weisen, der's verstand!
    Alles G'schwerl
    Bringt der Scherl
    In der Woche.
    Aus dem Loche
    Hängt ihm jetzt ein Ordensband.

Du zeigst dem niedern Volk die hohen Kreise,
Wie sich der Graf, wie der Baron sich mopst,
Und wie sie zu sich nehmen Trank und Speise,
Und wie die Tochter im Bazare hopst.
    Heil dem Manne unsrer Zeit!
    Eine Perl
    Ist der Scherl;
    Jede Chose,
    Jede Pose
    Weiht er der Unsterblichkeit.

Du bringst die Herren, wie sie brünstig beten,
Sogar in Kirchen knipst dein Apparat.
Du zeigst die Dichter, wie sie Verse kneten,
Und die Minister bei dem Abendskat.
    Heil dem Guten, der gesiegt!
    Ja, ein Kerl
    Ist der Scherl!
    Durch das Blitzlicht –
    's ist kein Witz nicht –
    Hat 'nen Orden er gekriegt.

Der größte Staatsmann läßt von dir sich typen,
Und die Soubrette wird uns aufgetischt.
Die Lumpen prangen neben den Polypen,
Die teils sie fingen, teils sie nicht erwischt.
  Heil dem Manne, der es kennt,
  Wie der Scherl,
  Diese Perl,
  Was Epoche
  Macht der Woche,
  Was ein packender Moment.

O fahre weiter fort, uns einzuimpfen
Respekt vor dem, was von sich reden macht,
Die Leute, welche ernstlich auf dich schimpfen,
Sind nur die paar, die du noch nicht gebracht.
  Heil dem Weisen, der's verstand!
  Alles G'schwerl
  Bringt der Scherl
  In der Woche.
  Aus dem Loche
  Hängt ihm jetzt ein Ordensband.

DER BAYERISCHE CHEVAUXLEGER

Wir sind so froh und heiter,
Wir kennen's kein Beschwer,
Wir sind die leichten Reiter,
Die boarischen Schwalanscher.

Wir ziehen in der Frühe
Das Rößlein aus dem Stall
Und reiten ohne Mühe
Wohl über Berg und Thal.

Wenn die Trompeten blasen,
Traut sich kein Feind nicht her,
Denn es stehen auf dem Rasen
Die boarischen Schwalanscher.

Und ist der Feind geschlagen,
Wir ziehen ins Quartier,
Wir brauchen nicht zu fragen
Nach Wein und auch nach Bier.

Wir können uns ja laben
Mit allem, was es giebt,
Weil wir ein Schätzigen haben,
Die wo uns innig liebt.

Ja, das Soldatenleben,
Das freut uns alle sehr:
Drum vivat hoch soll leben
Der boarische Schwalanscher!

DER LEIBER

Was ist des Kriegers seligstes Vergnügen,
Was ist des Kriegers allerhöchste Lust?
Als wie des Nachts beim Mädigen zu liegen,
Die treue Liebe in der stolzen Brust?
    Ja, das erfreuet jeden, der es kennt,
    Und auch den Tapfern – aberi juhe!
    Vom Leiberregiment.

Marschieren wir des Tages auf und nieder,
Und wenn wir stehen auf der stillen Wacht,
Dann weihen wir der Liebsten unsre Lieder
Und seufzen leise: morgen auf die Nacht,
    Ja morgen komm' ich wieder hochbeglückt,
    Denn Liebe ist es – aberi juhe!
    Die wo das Leben schmückt.

O laß uns heimlich in die Küche gehen
Und dort empfangen süßen Liebeslohn!
Hast du nicht etwas in dem Kasten stehen?
Mein Schätzigen, das andre weißt du schon.
    Wir wollen essen und gar fröhlich sein
    Denn unsre Treue – aberi juhe!
    Das ist kein leerer Schein.

So leben wir Soldaten stets in Freuden,
Nichts andres wünschen wir ja niemals nicht.
Ade Feinsliebchen, und jetzt muß ich scheiden,
Weil mich zu Bette ruft die harte Pflicht.
    Doch wenn uns auch die bittre Stunde trennt
    Verbleib dein Schatz ich – aberi juhe!
    Vom Leiberregiment.

RESERVEMANN

Frau Wirtin, mußt dich eilen,
Reich' uns ein Gläschen Bier,
Wir dürfens nicht verweilen,
Wir müssens fort von hier.
Wir müssen uns drein geben,
Aus ist Soldatenleben,
Ein Tag und eine Nacht,
Und auch dem Bumsvallera,
    Dem Bumsvallera,
Dem Hauptmann seine Macht.

Mein Schätzigen, mußt nicht weinen,
Ist auch die Liebe gar!
Wer weiß, du findest einen
Schon über 's nächste Jahr.
Hab' du Soldaten gerne,
Ich denk wohl in der Ferne,
Was jetzt ein andrer macht
Bei der Bumsvallera,
    Der Bumsvallera,
Bei der Köchin auf die Nacht!

WUOTANSENKEL

Der Laubriß ging, es kam der Jul;
Die Witterung ist ziemlich kuhl.
Im Mantel geht der zarte Wicht,
Kein Cimber aber thut das nicht.
Beim Wotan! Teutschlands grimmer Sohn,
Der Hermannsenkel, der Teuton,
Der kriegt vom Froste keine Beul!
Heul!

Die Brust ist weit, der Arm ist stark,
Die Knochen füllt das deutsche Mark;
Ein welscher Hund ist, wer sich putzt,
Wer Haar und Bart sich zierlich stutzt,
Wer sich mit Redensarten spreizt
Und sich nicht in die Finger schneizt.
Das Geckentum ist mir ein Greul.
Heul!

Ich schreite kühn, hussa! hoiho!
Mit langem Schritt aus dem Bureau,
Ich saß den ganzen Tag am Tisch
Und schrieb so manchen Tintenwisch.
Das Methorn her! Versinkt das All,
Dann tausch' ich selig in Walhall
Den Federhalter mit der Keul.
Heul!

IM NECKARTHAL

Der Kirschbaum blühte am Straßenrand,
Die Hügel lagen im Sonnenschein,
Und wo ein Wirtshaus am Wege stand,
Da schenkte man einen guten Wein.

Wir schlürften bedächtig so manches Glas
Und schauten rings das gesegnete Land,
Wir dachten schweigend an dies und das
Und nahmen wieder das Glas zur Hand.

Um alle Berge ein leichter Duft;
So freundlich grüßte die alte Zeit;
Es lag ein Lied in der blauen Luft,
Ein Lied von vergangener Herrlichkeit.

Da kam ein Fremder vom andern Tisch,
Der setzt' sich zu uns und sagte, es sei
Das Wetter prachtvoll, nur etwas frisch,
Und wenn wir gestatten, wär er so frei.

Er war im Reden durchaus nicht faul;
Die Gegend, sagt' er, stimme ihn weich;
Und hatte er ein Stück Brot im Maul,
Dann kaute und schwätzte der Kerl zugleich.

Als unsere Stunde geschlagen hätt',
Wir nahmen Abschied vom Neckarthal,
Da sagt' er, er fände uns riesig nett,
Wir wären wohl auch nationalliberal.

FRÜHLING

Neulich ging ich mit Rudolfen,
Einem guten Freund von mir,
Denn er kam, mich abzuholen,
Zum gewohnten Abendbier.

Bummeln bei dem Frühlingswetter
Lieb' ich wirklich. Links und rechts
Reich bevölkert sind die Straßen,
Voll des weiblichen Geschlechts.

Hier 'ne hübsche Bürgerstochter;
Teufel, welch' ein strammes Bein!
Dort der Dame mit den Hüften
Würd' ich auch nicht feindlich sein.

Fräulein, heißen Sie Elise?
Nicht? Nanu, ich meinte bloß.
Wie? Ich soll mich weiter scheren?
Werden Sie nicht animos!

Wenn ich mich vermählen wollte,
Wäre glücklich Ihr Papa,
Doch von legitimen Ehen
Denke ich soso, lala.

Gehen Sie, mein armes Fräulein!
Dort kommt schon ein andrer Schatz.
Eine dicke, runde Köchin,
Eine nette Mizzikatz.

DER AUSFLUG

Anton Huber ging mit der Familie,
Mutter, Tochter und ein Hund dabei,
Aus der Stadt hinaus in die Umgebung
Wo es bei der Hitze kühler sei.

Manchmal blieb der gute Vater stehen,
Und er zeigte den und jenen Punkt.
Hinter ihnen ging auf zwanzig Schritte
Jakob Niedermayer, Postadjunkt.

Frau und Tochter hatten ihn gesehen
Mit dem ganzen Scharfblick des Geschlechts;
Sie begannen mit dem Aug' zu blinzeln,
Jakob Niedermayer ging nach rechts.

Beide Damen fingen an zu husten,
Und die Tochter ging zum nahen Wald.
»Wally!« rief die Mutter, »liebe Wally,
Pflücke Blumen, aber komme bald!«

Und sie kam nach einer guten Weile,
Fröhlich lächelnd als wie neu gestärkt;
Gütig hieß die Mutter sie willkommen,
Anton Huber hatte nichts gemerkt.

Später sah er zornigen Gemütes
Tannennadeln in der Tochter Haar.
Doch die Mutter sagte ohne weit'res:
»Wenn der Mensch nur ein Beamter war!«

SOMMER-IDYLLE

Berge und Thäler sind jetzt voll von Menschen,
Welche sich Urlaub genommen haben
Und an der reinen Luft der Kurorte
Sowohl sich als ihre Angehörigen laben.

Viele hört man mit Neugierde fragen,
Ob hier noch echte Wilderer wachsen,
Welche die wirklichen Gemsen töten.
Meistens sind diese Leute aus Sachsen.

Manche baden in dem klaren Gewässer,
Wobei erwachsene Töchter nicht geizen
Mit ihren Formen, von denen man füglich
Glaubt, daß sie den Junggesellen anreizen.

Ihre Mütter stricken indes im Garten,
Wo sie Kaffee mit Honig genießen
Und sich über die Dienstboten äußern,
Welche sie in der Stadt darin ließen.

Abgesondert sitzen die Ehemänner,
Welche sich gründlich dadurch erfrischen,
Daß sie nichts von den Frauen hören,
Sondern beim Skat ihre Karten mischen.

Auf den Ruhebänken am Seeufer
Sitzen zwei Richter, welche verdauen
Und anderen Leuten durch Fachsimpeln
Ihren Sommeraufenthalt versauen.

LEHRHAFTES GEDICHT

Adolf war der Sprosse guter Leute,
Ehelichen Ursprungs, legitim;
Anders Jakob, denn sein Vater scheute
Sich und sagt', er wäre nicht von ihm.

»Süßes Wunder« hieß der Eltern Liebe
Unsern Adolf, der »von Gott gesandt«;
»Die unsel'ge Frucht verbotner Triebe«
Wurde Jakob meistenteils genannt.

Adolf konnte man den Freunden zeigen;
Man entdeckt' an ihm des Vaters Art.
Über Jakob herrschte tiefes Schweigen,
Von ihm sprechen galt als wenig zart.

Dieser Unterschied verblieb im Leben;
Adolfs Laufbahn war solid und leicht.
Zwar Talent war ihm nicht viel gegeben,
Für den Staatsdienst hat es doch gereicht.

Jakob war, so wie er einst geboren
Stets der Tante Minna ihr Malör.
Feine Kreise gaben ihn verloren,
Und er wurde später Redakteur.

RÜCKBLICK

Ich weiß nicht wie, ich weiß nicht was,
Ich bin so traurig heute.
Reicht mir noch mal das volle Glas,
Zum Abschied noch, ihr Leute!
     Mir ist so wi ... wa ... wehmutsvoll
     So schwummelig, so dumm,
     Weil ich von dir jetzt scheiden soll,
     O Publikum!

Ach Gott, wenn ich so recht betracht',
Wie ich das Jahr verbrungen,
Und was für Verse ich gemacht,
Was ich für 'n Zeug gesungen,
     Dann wird mir si ... sa ... sengerich,
     Ich fühl' mich nicht gesund,
     Ihr habt mich alle wohl am Strich,
     Mich krummen Hund?

Die Flasche her! Der Pfropfen knallt –
Wenn Sie 'nen Schleim auch hatten,
Die Blume steigt, Herr Staatsanwalt!
Prost! Übers Kreuz! Gestatten!
     Was streichen Sie den Schnurribart?
     Ihr blaues Auge rollt?
     Ich weiß, daß Sie nach Ihrer Art
     Mich mal gewollt ...

Den zweiten Schluck – wem bring' ich ihn?
Ich will mein Glas erheben:
Was wir nur lieben in Berlin
Ein vivat hoch! soll leben!
    Ich brülle wie ein Wilder brüllt:
    Hurra! Hurra! Hurra!
    Und noch einmal das Glas gefüllt!
    Hurra! Hurra!

Dort hinten sitzt ein dicker Spieß;
Der Kerl kann mich nicht schmecken,
Er will nicht wegen das und dies
Die Hand entgegenstrecken.
    Komm her, du frommes Herdenvieh!
    Hab ich dich auch verutzt,
    Du wirst von jetzt aus Sympathie
    Von mir gedutzt. –

Und jetzt zum Schluß mit eurer Gunst!
Ich schmeiß das Glas in Scherben:
Der wir gedient, die freie Kunst,
Niemals soll sie verderben!
    Sie soll uns bleiben frisch und echt!
    Wir haben ihr vertraut,
    Wenn auch so mancher fade Knecht
    Sie nicht verdaut.

NEUE GROBHEITEN

Neue »Simplicissimus«-Gedichte
von
Peter Schlemihl

Albert Langen
Verlag für Litteratur und Kunst
München 1903

FORTSCHRITT

Wenn sich unsres Vaters Vater
Innerlich erquicken wollte,
Las er seinen Friedrich Schiller:
Wie er den Tyrannen grollte.

Wie er recht aus treuem Herzen
Für die Freiheit alles wagte
Und nach guter Schwabensitte
Seine Meinung gründlich sagte.

Und je derber, und je gröber,
Desto mehr erfreut's den Alten.
Damals hat man auf des Tones
Feinheit nicht so viel gehalten.

Für den Thron erglühten damals
Nicht so heilig die Gemüter,
Und des Herrschers Launen galten
Noch nicht als die höchsten Güter.

Fußgetret'ne, stille Demut
Scheint den Enkeln erst geboten,
Und die Herren Staatsanwälte
Züchten gute Patrioten.

BERLINER FÜRSTENBESUCH

Mutter, gib mir den Zylinder,
Schmier mir eine Butterbemme,
Durch die Linden fährt ein wilder
Häuptling der Aschantistämme.

Und den schwarzen Negerfritze
Wird der ganze Hof begleiten,
Auch zwei Kürassierschwadronen
Werden vorn und hinten reiten.

Und so war's. Durchs Brandenburger
Rasselnd kam die Kavalkade.
Helme funkeln, Säbel blitzen,
Und es riecht die Bartpomade.

Links und rechts ein Hurrarufen,
Blumenwerfen, Tücherschwenken,
Und der Häuptling blöckt die Zähne
Allen, die ihm Beifall schenken.

Wirklich, der Aschantineger
War darob sehr guter Dinge,
Alle kommandierten Herren
Kriegten gold'ne Nasenringe.

Auch bei Hof war man zufrieden,
Daß das Volk sich so benommen.
Bald läßt man für die Berliner
Wieder einen Fürsten kommen.

DANKGEFÜHLE

Der Kaiser von Rußland war jetzt in Danzig.
Er hat sich vergnügt und heiter gegeben;
Europas Frieden ist noch nicht ranzig,
Wir dürfen – Gottlob! – noch weiter leben.
    Der Krieg liegt in weiter Ferne,
    Die Völker, sie hören es gerne.

Wir wollen lobpreisen des Herrschers Gnade,
Die uns noch vorläufig verschont mit Leiden.
Es wäre doch wirklich um manchen schade.
Wenn wir auf Wunsch uns die Gurgel abschneiden.
    Es leuchten friedliche Sterne,
    Die Völker, sie hören es gerne.

Wer weiß, wie lange die Stimmungen dauern,
Die menschenfreundlichen, gütigen Launen?
Oft über Nacht müssen Bürger und Bauern
Sich abmurksen ohne Mitleid und Staunen.
    Doch liegt das in weiter Ferne,
    Die Völker, sie hören es gerne.

Doch trotz dieser Güte, der momentanen,
Es regt sich offen, es regt sich im stillen
Das bißchen Vernunft in den Untertanen
Nach festerem Halt, als des Herrschers Willen.
    Daß man Gehorsam verlerne,
    Die Völker, sie hörten es gerne.

DAS AUGE GOTTES

Was du tust, bedenke immer,
Ob bei Tage, ob bei Nacht,
Alles sieht das Auge Gottes,
Welches uns getreu bewacht.

Unser Herr, der Allerhöchste,
Merkt auf alles, was passiert;
Weise, liebevoll und gütig
Wird das Janze dirigiert.

Was nicht brennt, wird auch geblasen,
Überall wird eingetunkt,
Denn es hält der Allerhöchste
Diese Welt im Angelpunkt.

»Plötzlich« lautet die Devise,
»Plötzlich« reißt es einen fort,
»Plötzlich« wird ein Ding erwogen,
»Plötzlich« tönt ein lautes Wort.

Oftmals kann man es nicht fassen,
Und kein Mensch begreift es nicht,
Und wir lauschen gottergeben.
Hell im Norden strahlt ein Licht.

PRINZENEXAMEN

Auch Prinzen haben die Weisheit von nöten,
Darum schickt man sie auf die Universitäten,
Damit hierorts ihr Verstand gedeiht.
So geschah es einem vor einiger Zeit.

Aber nach Ablauf von nur zwei Jahren,
Von denen er das meiste auf der Eisenbahn gefahren,
War des Prinzen Hoheit so klug,
Daß man fand, es sei nunmehr genug.

Um jedoch den Schein zu vermeiden,
Als sei es anders bei den Königlichen Hoheiten,
Wie es bei den übrigen Studiosis sei,
Ließ er sich zu einem Examen herbei.

Die Professores, welche dieses sollten wagen,
Kamen herbei mit großem Zittern und Zagen,
Sie scharrten demütig mit dem Fuß
Und entboten dem Prinzen ihren Gruß.

Der Herr Rektor machte den Anfang
Und gab seiner Stimme einen sanften Klang,
Indem er fragte mit ergebenem Ton:
»Hoheit, was ist eine Konstitution?«

Hier antwortete des Prinzen erlauchte
Person, wozu er längere Zeit gebrauchte:
»Konstitution ist, wenn das Volk stets tut,
Was uns höchstselbst zu belieben geruht.«

Über diese Antwort des hohen Kandidaten,
Konnten sich die Professores der Freude nicht entraten,
Und es herrschte große Verwundernis
Über den *filium principis.*

Nun begann ein Professor zu fragen:
»Belieben Hoheit mir geneigtest zu sagen,
Welche Befugnisse man kennt
Als eigentümlich dem Parlament?«

Hier antwortete der Prinz: »Herr Professer,
Je weniger es solche gibt, desto besser,
Weil der Untertan dadurch beirrt
Im Betreffe seines Gehorsames wird.«

Auch dieses Mal konnten nicht unterdrücken
Die Herren Professores ihr helles Entzücken,
Und sie haben sodann unverweilt
Dem Prinzen das Reifezeugnis erteilt.

Hieraus ist es als bewiesen erschienen:
Wenn einer als Doktor will sein Brot verdienen,
Braucht er z e h n Semester allhier.
Für einen König reichen schon v i e r.

HELDENBEGEGNUNG

Zu London war's. Es hatten damals sich
In dieser Stadt die Völker eingefunden,
Um sich das Schauspiel anzusehn,
Wie König Eduard sich beinah die Krone
Anbringen ließ auf das erlauchte Haupt.
Wohl waren alle Besten da erschienen,
Die Blüte sah man aller Ritterschaft,
Doch weithin über alle Tapfern ragte
Der Mann, den unser deutsches Reich entsandt.
Wenn er in seinen furchtbar großen Stiefeln,
Das dunkle Auge voll Germanentrotz,
Und seinen Marschallstecken unterm Arm,
Und mit der angebornen ganzen Wucht
Die Schritte lenkte hin zum Windsorschlosse,
Da ging ein Staunen durch das viele Volk.
»Er ist's! Der ist es! Ja, er ist es wirklich!«
So raunt ein Gaffer scheu dem andern zu.
»Es ist der große Held, der Weltbezwinger,
Der mit der stahlbewehrten, harten Faust
Die Hände aller deutschen Veteranen
Vor seiner Fahrt nach China hat gedrückt,
Als er die Rede hielt auf jedem Bahnhof,
Voll Ahnung seiner eignen Heldenschaft,
Und der mit seines Fußes großer Zehe
Das weite Chinareich zu Brei zertrat.
Er ist's, der Alte mit den kühnen Augen,
Den jeder Wechselwärter Deutschlands kennt.«
Der Held vernahm wohl, was die Menge raunte,
Und hätte gern nach seiner schlichten Art
Auch eine Dauerrede hier gehalten;
Doch ging es heute ausnahmsweis' nicht an,
Weil er im Windsorschloß erwartet wurde,

Zu einem höchst historischen Moment.
Ein andrer Held, fast gleich ihm an Verdiensten,
Des schwarzen Adlerordens höchste Zier,
Lord Roberts sollte heute ihm begegnen.
Und es geschah. Die ganze Christenheit
Sah atemlos auf ihre größten Söhne,
Die in das Heldenaug' sich hier geblickt.
Wohl faßte heiße Rührung nun die beiden,
Die zueinander sich so oft gesehnt.
»Du also bist's, Vernichter der Chinesen!«
»Und du, vor dem geflohen jeder Bur!«
»In China hast das Größte du geleistet!«
»Nein! herrlicher warst du in Afrika!«
»Du warst der Held im Hause von Asbeste!«
»Noch schöner brannte manche Burenfarm!«
So suchte jeder das Verdienst des andern
Zu stellen über seine eigne Tat,
Und wie sie neidlos sich einander lobten,
Erstrahlte recht erst ihre Trefflichkeit.
Auf Wunsch des Chinasiegers ward die Szene
Sogleich am Orte photolichtgraphiert,
Und so verblieb der Nachwelt diese Stellung,
Die beiden größten Helden Hand in Hand,
Die Blicke innig ineinander tauchend,
Den großen Sabel rot von Feindesblut,
In Uniform, mit fürchterlichen Stiefeln.

IM LOUVRE

Laßt ehrfurchtsvoll uns wandeln durch die Säle
Und tiefer als in Kirchen uns verneigen!
Denn feierlicher klingt als Festchoräle
Der Marmorbilder traumverlornes Schweigen.
Was sie uns sagen, kann in unsern Herzen
Ach! so viel länger als Gebete währen!
Sie leuchten heller, als die tausend Kerzen
Auf überbunt geschmückten Hochaltären.
Ihr mildes Lächeln in den Marmorzügen,
Es ist geblieben in den tausend Jahren,
Als wenn sie Mitleid mit den Menschen trügen,
Die immer klein und immer elend waren.
Wie sind sie schön! Laßt sie uns schweigend grüßen,
Und mit erhobnen Herzen vor sie treten!
Als sie die Welt beherrschten, galt kein Büßen,
Kein Psalmenplärren und auf Knien beten.
Sie tragen in den Händen keine Waffen,
Wie die in Stein gehaunen Menschenwürger,
Die in Berlin wir Tag für Tag begaffen,
Die zweiunddreißig dicken Brandenbürger.

RÜCKBLICKE

In den allerjüngsten Tagen
Ei! Da pfiff ein böser Wind!
Etwas hat sich zugetragen
Was man sehr bedenklich find't.

Ein Ministerpräsidente
Stand auf einmal vor der Tür,
Die ihn von dem Amte trennte.
Und wer kann da was dafür?

Wer ist schuld, daß aus dem Takte
Plötzlich die Regierung kam?
Wo man doch für Petrefakte
Bayrische Minister nahm?

Ei ja, ja! Das Depeschieren
Ist nicht immer angebracht.
Ein Minister soll probieren,
Ob es nicht verdrießlich macht.

Hätt' es früher ihm gedämmert,
Daß ein Telegramm verschnupft.
Wär' er jetzt nicht so belämmert,
Weil man ihm die Hosen lupft.

Neben diesen Staatsgedanken
Gibt es sonst noch allerlei.
Deutschlands große Geister zanken
Ob die Bibel fälschlich sei.

Manche gute, brave Seelen,
Die man fromme Christen heißt,
Können kaum mehr sich verhehlen,
Daß sie jetzt ein Zweifel beißt.

Ja, es existiert noch heute
Mancher starke Glaubenschrist,
Und es gibt noch solche Leute,
Denen es nicht schnuppe ist.

Babel, Bibel – Bibel, Babel?
Heut ist eine andre Zeit,
Und man hat bei dem Geschwabel
Das Gefühl der Wurschtigkeit.

RUHM UND EHRE

Immer lockte es den Helden,
– Wie uns alte Sagen melden –,
Ruhm und Ehre einzuschlürfen.
Ging ein Lied von seinen Streichen,
Ließen Damen sich erweichen,
Das zu tun, was sie nicht dürfen.
      Hei, dann ist der scharfe Degen,
      Drachenschläger,
      Mädchenjäger,
      Bei dem schönsten Kind gelegen.

Viel geliebt und viel besungen,
Hat er süßen Lohn errungen,
Und er ging zu neuen Taten;
Und er ging zu neuen Siegen.
Weislich hat der Held geschwiegen,
Hat des Eigenlobs entraten.
      Denn so hat es recht geschienen:
      »Sich die Ehre
      Mit der Wehre
      Und nicht mit dem Maul verdienen.«

Andre Zeiten, andre Sitten,
Heute ist es wohl gelitten,
Mit dem Mundwerk zu ergänzen,
Was an Taten fehlte. Alle
Wagen in die Ruhmeshalle
Sich mit Worten einzuschwänzen;
      Wie sie selbst sich Ehren schenken!
      Ruhmeszappler,
      Bahnhofpappler,
      Und die Zunge sich verrenken!

SELBSTERKENNTNIS

Es liebt der Deutsche, oftmals mit Behagen
Sich über Frankreichs Bürger zu verbreiten,
Es sind nervöse Leute, hört man sagen,
Das ganze Volk steckt voll von Eitelkeiten.

Sie müssen ab und zu sich selbst betäuben
Und etwas theatralisch sich geberden,
Ja, niemals sieht man den Geschmack sich sträuben,
Wenn ernste Leute förmlich kindisch werden.

Uns Deutschen darf der Stolz die Brüste schwellen;
Wenn schlichtes Wesen gilt als Wertbemesser,
Sind wir sowohl im Individuellen
Und auch als Volk, als Ganzes, sind wir besser.

Wir haben kein Verständnis für die Phrase;
Die Tüchtigkeit bedarf nicht solcher Hüllen,
Am ernsten Wesen scheitert die Ekstase,
Wir können schweigend unsre Pflicht erfüllen.

O deutscher Bürger, dem dies Lob erklungen,
Bist du in Hamburg nicht dabei gewesen?
Hast du nicht mitgeschrien, mitgesungen
Und dich geberdet, wie wir's heute lesen?

Ich dachte wirklich, als ich es vernommen,
Daß Wunderbares unserm Land passierte,
Derweilen ist ein alter Herr gekommen,
Der sich im Ausland prächtig konservierte.

PROTESTVERSAMMLUNG

In allen deutschen
Universitätsstädten
Und überall sonst, wo
Nationales Fühlen und Denken
Sich regt,
Findet an einem Sonnabend Abend
In dem hiezu geeigneten
Lokal
Eine Versammlung
Patriotisch gesinnter,
Das Heiligste
Nicht schänden lassender
Jünglinge und Männer
Statt.
Pst!
Ruhe! *Silentium!*
Still!
Ein dichtes Gedränge.
Vorne sitzen
Mit furchtbaren Bärten
Und blitzenden Brillen
Die Professoren
Und die sonstigen
Besseren Kreise.
Überhaupt ist
Das Publikum sehr gewählt
Und besteht
Zum größten Teil
Aus akademisch gebildeten
Leuten,
Wie wir mit
Großer Befriedigung konstatieren.

Es sind fast gar keine,
Oder doch nur sehr wenige
Niedrige,
Arbeitende
Bevölkerungsklassen darunter.
Gottlob!
Über dem Ganzen
Lodert die Flamme
Einer gewaltigen
Begeisterung,
Und zum Teil auch
Entrüstung,
Die Gesichter glühen;
In den meisten
Stecken Zigarren.
Jetzt geht's los!
Pst!
Ruhe!
Ein würdig aussehender,
Mit dem Feldzugszeichen
Geschmückter
Und auch sonst sehr anständiger
Älterer Herr
Besteigt die Tribüne,
Seine Augen rollen
Und schießen Blitze
Hier hin –
Dort hin –
Und funkeln.
Er reckt die Arme
Hinauf zum Himmel;
Sein mächtiger Bart
Sträubt sich,
Und

Er öffnet den Mund
Furchtbar weit
Und bringt ein Hoch auf den Landesherrn aus.
Hurra!
Als Zweiter kommt
Ein Kommerzienrat,
Welcher unter der Hand
An das verruchte,
Hundsgemeine,
Schuftige Volk der Engländer
Mit ziemlichem Profit
Waffen verkauft.
Er protestiert
Im Namen der Menschheit
Und insbesondere
Der deutschen Nation
Zwar nicht gegen den Krieg,
Aber
Gegen den frechen Vergleich,
Welchen der Schurke
Chamberlain
Mit Beziehung auf den Krieg
Von 1870
Gemacht hat.
Die Hörer brüllen
Und stampfen
Und schreien
Und senden zur Decke
Gellende
Hurrarufe empor
Und trinken
Fürchterlich
Mit langen Zügen.
Es folgen noch fünfzehn,

Welche mit anderen
Oder mit gleichen
Worten das
Nämliche sagen.
Alle blieben jedoch
In denjenigen Grenzen,
Welche
Dem loyalen
Staatsbürger gezogen sind,
Und welche immerhin
Eine gewisse
Beschränkung der Gefühle
Selbst da, wo man
Könnte, dürfte und sollte,
Auferlegen.
Immer höher
Lodert die Flamme
Der nationalen
Begeisterung;
Immer glühender
Wurden die Herzen,
Daß es zischte,
Wenn einer
Aus schäumendem Krug
Die größere Hälfte
Hinuntergoß.
Mit Fug und Recht
Durfte der Präses
Konstatieren,
Daß das treue,
Stammverwandte
Volk der Buren
Mit diesem herrlichen Abend
Zufrieden sein konnte.

Alle sagten dasselbe,
Als sie torkelnd
Durch die Straßen der Stadt
Gingen.
Nur zwei Landgerichtsräte,
Welche sich
An der Ecke hinstellten
Und wie Zypressen
Hin- und herwiegend
Ihre Notdurft verrichteten,
Sprachen rülpsend
Ihre Bedenken aus:
Erstens, weil Chamberlain doch
Beamter wäre
Und als solcher
Einige Rücksicht verdiene,
Zweitens aber,
Weil man nicht gewiß sei,
Ob er nicht morgen
Einen Orden bekäme.

DER ENGLISCHE PFAFFE

Der englische Pfaffe hat sie in Pacht,
Er hat die Gottseligkeit verbrieft,
Von der sein feistes und glatt rasiertes,
Sein milde lächelndes Antlitz trieft.

Er steht auf der Kanzel des Sonntags früh,
Er stochert in den Zähnen herum,
Und dann verkündet er Gottes Wort
Dem fromm aufhorchenden Publikum.

»Zu Bethlehem in dem heiligen Land«,
Sagt er in fettem, näselnden Ton,
»Da geschah ein greulicher Kindermord;
Umbringen wollte man Gottes Sohn.

So große Greuel begaben sich da,
So grausam, tierisch, so ganz verrucht,
Daß man keine Worte nicht finden kann,
Mit denen man sie richtig verflucht.«

Das ist gewesen vor langer Zeit,
O frommes, englisches Publikum!
Und immer noch dreht sich das Herz im Leib
Des guten Pfaffen dabei herum.

Er schließt den christlichen Gottesdienst,
Indem er mit seinem Segen belohnt
Das tapfere Heer in Feindesland,
Weil es nicht einmal die Frauen verschont,

Weil es mit blutiger Mörderhand
Sogar die armen Kinder erwürgt,
Als wie es geschah zu Bethlehem
Nach dem, was die Heilige Schrift verbürgt.

Und dann verläßt er das Gotteshaus;
Trägt seine Frömmigkeit an die Luft,
Daß jeder Christ sich erbauen kann
An dem gottseligen Bibelschuft.

WIEGENLIED

Geht wirklich zu Ende die Sache?
Wirds wirklich in Afrika still?
Es fällt ja kein Sperling vom Dache,
Wenns nicht der Allmächtige will.
    Eia-Popeia
Wenns nicht der Allmächtige will.

Wie wart ihr so fest in dem Glauben:
»Das Recht steht über dem Geld!«
Den konnte kein Unglück euch rauben.
Wie weise regiert Gott die Welt!
    Eia-Popeia
Wie weise regiert Gott die Welt!

Jetzt seht ihr ja wieder die Weiber,
Ihr seht das erhebende Bild,
Die viehisch mißhandelten Leiber.
Wie ist doch der Herrgott so mild!
    Eia-Popeia
Wie ist doch der Herrgott so mild!

Die Kinder? Die sind euch verdorben;
Es ist das unschuldige Blut
Im Elend – vor Hunger gestorben.
Wie meint es der Herrgott so gut!
    Eia-Popeia
Wie meint es der Herrgott so gut!

Ihr Buren, nun wollen wir loben,
Was wieder so deutlich wir seh'n:
Das Gute kommt alles von oben,
Das Unrecht kann nimmer besteh'n.
    Eia-Popeia
Das Unrecht kann nimmer besteh'n.

DAS ENDE

Das Spiel ist aus. Die kampfgewohnte Hand
Soll wieder friedlich an die Pflugschar greifen.
Daß wir so heiß umstritten, unser Land,
Nun drückt es doch der goldne Königsreifen.

Wie huldvoll unser neuer Herrscher spricht!
Und sein Respekt vor uns ist ungezügelt.
Ich will's ihm glauben; diesmal lügt er nicht,
Wir haben ihm die Achtung eingeprügelt.

Recht heißen Dank, daß ihr es anerkennt
Und jetzt versucht, bei uns euch anzubiedern.
Wir können leider euch das Kompliment,
Wenn wir die Wahrheit sagen, nicht erwidern.

Es sah ein jeder von uns viel zu oft,
Wie sich die Schande hing an eure Fahnen.
Das ist vorüber. Wir sind unverhofft
Desselben Königs treue Untertanen.

Desselben Königs, der so edel ist
Und uns umfängt mit milden Vaterarmen!
Vergessen will er gütigst unsern Zwist,
Der Weiber Schande und den Brand der Farmen.

Mich hat die Gnade wirklich nicht gerührt,
Und sehnlich hoff ich, mags auch lange dauern,
Daß noch einmal das Krämervolk verspürt
Die derben Fäuste von uns freien Bauern.

FRIEDE

Über die Heide geht der Wind;
Es flüstert im Gras, es rauscht in den Bäumen.
Die dort unten erschlagen sind,
Die vielen Toten, sie schweigen und träumen.

Hören sie nicht den Glockenklang?
Dringt nicht zu ihnen aus heiligen Räumen
Halleluja und Friedenssang?
Die vielen Toten, sie schweigen und träumen.

Voll des Dankes ist alle Welt,
Sie darf mit dem Lobe des Herrn nicht säumen;
Wer im Kampfe fiel, heißt ein Held.
Die vielen Toten, sie schweigen und träumen.

Wenn die Herrscher versammelt sind,
Beim festlichen Mahl laßt die Becher schäumen!
Über die Heide geht der Wind;
Die vielen Toten, sie schweigen und träumen.

HEIMKEHR

Das ist unser Haus!
Junge, so viel ist uns geblieben!
Das Glück ist daraus,
Alle Freude ist mit vertrieben.

Dein Vater ist tot.
Bei Colenso traf ihn das Sterben,
In grimmigster Not
Mußte deine Mutter verderben.

Zur ewigen Ruh
Ging dein Bruder, vom Feind erschlagen.
Wir zwei, ich und du,
Sind noch übrig, das Leid zu tragen.

Zittert dir das Herz?
Trifft es dich hart in jungen Jahren?
Den bittersten Schmerz
Hab ich doch um mein Volk erfahren.

DIE EICHE

Wie doch lautet der letzte Bericht?
Sie werden empfangen? Sie werden es nicht?
Heute scheint es, als würden sie,
Morgen heißt es: »Das gibt es nie!«
Habt ihr Deutsche euch nicht gewöhnt,
Wenn was Offiziöses ertönt,
– Statt mit Vermutungen euch zu quälen –
Bloß an den Knöpfen euch abzuzählen,
Was in diesem und jenem geschehe?
Wie sich die Fahne im Winde drehe?
Gibt es noch einen, der wirklich sucht
In der Erscheinungen schwankender Flucht
Einen Willen, der also wurzelt,
Daß er nicht stolpert und strauchelt und purzelt?
Deutsche Eiche – in alter Zeit
War sie ein Sinnbild der Festigkeit.
Kann sie 's heute mit Recht noch gelten?
Aber nein, ich will sie nicht schelten.
Ist doch ein guter, behäbiger Baum!
Steht so ehrlich am Waldessaum!
Und der Stamm, als ein grober Klotz,
Beut wie früher den Stürmen Trotz,
Oben, das ist wohl immer geschehen,
Spürt man stärker der Lüfte Wehen,
Weil die Äste viel zarter sind.
Und die Krone wiegt sich im Wind.

PROVINZLER

Die Gerechtigkeit in den deutschen Landen
Ist nicht überall gleich vorhanden.
In den preußischen Provinznestern,
Wo die geistige Bildung noch stammt von gestern,
Sind die Staatsanwälte und auch die Richter
Nicht gerade hellbrennende Kirchenlichter.
Und außerdem und überdieses
Ist ihr tägliches Dasein ein ziemlich mieses.
Die bißchen geistigen Interessen
Beschränken sich auf das Mittagessen.
Bei den Gattinnen schwelgen sie in Genüssen
Nur dessentwegen, weil sie es müssen.
In vielen Fällen sind auch die Reize
Der lieben Frauchen stark in der Beize.
Die meisten tragen Flanellhosen
Und sind auch sonst nicht wie duftende Rosen.
Du lieber Gott! Und du lieber Himmel!
Was macht nun so ein trauriger Provinzschimmel?
Skatspielen, über die Vorgesetzten klatschen,
Die Kellnerin heimlich auf den Hintern patschen
Kann sogar dem preußischen Beamtenleben
Auf die Dauer nicht den wirklichen Wert geben.
Die Kindererzeugung ist oft eine Bürde
Und entspricht nicht immer der akademischen Würde.
Was bleibt also noch hier zu Landes?
– Die Überwachung des Untertanenverstandes! –
Hier erwachsen die schönsten Aufgaben,
Welche auch nach oben einen gewissen Wert haben.
Von Langeweile geplagte Assessoren
Sind recht tüchtige Preßcensoren,
Und schnüffeln, ähnlich den Jagdhunden,
Nach Redakteuren, um sie einzuspunden.

So kann man sich durch viele Chicanen
Rächen an denjenigen Untertanen,
Welche besser daran sind, als die armen,
Als die kümmerlichen Provinzgendarmen.

FRÜHLING

Die Welt ist wieder so feierlich.
Sie gibt sich wieder zärtlich zu eigen
Dem jungen Frühling, und will sich wohl
Als liebliche Braut dem Herrscher zeigen.

Im Winter war sie gar jüngferlich,
Nun mag sie gern die Tugend verlieren.
Das klingt und singt in den hellen Tag!
Das ist ein fröhliches Jubilieren!

Was will jetzunder die Sittsamkeit?
Was will sie in all dem jungen Treiben?
Ich hab' zu Hause sie eingesperrt,
Die alte Hexe soll drinnen bleiben.

Komm mit, du Mädel, zum Lindenbaum!
Der soll uns decken mit seinen Blüten.
Und was die Tugend nicht sehen kann,
Das kann die Gute auch nicht verhüten.

GLEICHGÜLTIGKEIT

Als ich gestern lag in meinem Bette,
Klopfte es so gegen Mitternacht.
Meine Meinung war, es sei Jeanette,
Und natürlich hab' ich aufgemacht.
Leise kam es jetzt hereingeschlichen,
Setzte sich an meines Bettes Rand,
Hat mir über meinen Kopf gestrichen
Mit der ziemlich großen, dicken Hand.
Doch ich merkte bald an ihren Formen:
Dieses Weib ist ja Jeanette nicht,
Deren Hüften nicht von so enormem
Umfang sind und solchem Schwergewicht.
Trotzdem schwieg ich. Denn ich überlegte:
Nicht das Wer, das Wie kommt in Betracht,
Außerdem die Absicht, die sie hegte,
War entschieden löblich ausgedacht.
Was bedeutet dieserhalb ein Name?
In der Liebe ist das einerlei.
Man verlangt nur, daß es eine Dame
Und von angenehmem Fleische sei.

DER ZWEIKAMPF

Sie wollen mich, Verehrtester, befragen,
Wie ich mich eigentlich zum Zweikampf stelle?
Nun ja, ich sag' es rund heraus, ich schätze
Als Mensch von guter Bildung die Duelle.

Sie murmeln etwas vom Gebote Gottes?
Und daß geschrieben steht: Du sollst nicht töten?
Die Hand aufs Herz, mein Bester, ohne Pathos,
Macht der Appell an Gott Sie nicht erröten?

Gebote Gottes! Unsre frommen Priester,
Die immer feine Unterschiede machten,
Sie sprechen je nachdem vom Gott des Friedens
Und von dem höchsten Lenker blut'ger Schlachten.

Es geht von Alters her in Gottes Namen
Das herdenweise Morden, Sengen, Schinden.
Warum nicht, wenn sich zwei das Fell durchlöchern?
Läßt sich dafür kein frommes Sprüchlein finden?

»Du sollst nur töten, wenn die Fürsten pfeifen.«
Steht so geschrieben in der Christen Lehre?
Und dann, mein Herr, Sie dürfen nicht vergessen,
Das Höchste, was der Mensch hat, ist die E h r e !

Sie ist es wert, daß wir für sie das Leben
Und Gut und Blut und alles daran setzen.
Worin sie liegt? Das weiß kein Mensch zu sagen,
Man kennt sie erst, wenn andre sie verletzen.

Und wer sie hat? Das läßt sich nicht erklären;
Nur wer sie n i c h t hat, kann ich Ihnen sagen:
»Die sich und andern täglich Brot verdienen
Und von der Arbeit wüste Schwielen tragen.«

RÜHMLICHER TOD

Kennt ihr alle die Geschichte
Von Johannes Ilzebiel,
Dessen Leben ward zu nichte,
Als er im Duelle fiel?

Halle hieß die Bildungsstätte,
Sein Beruf war Medizin,
Ohne daß er jemals hätte
Wirklich sich bemüht darin.

Seine Eltern waren Bauern,
Mit Vermögen – Gott sei dank! –
Jeder muß sie heut bedauern,
Weil der Sohn das Geld vertrank.

Als aus Kasten und aus Kisten
Nirgends mehr kein Kreuzer fiel,
Fing die Not sich einzunisten
An bei Johann Ilzebiel.

Und es kam bei ihm zu Tage,
Daß er nicht die Arbeit kennt.
Dieses stand auch außer Frage,
Denn er war ein Korpsstudent.

Soll er selbst den Rest sich geben?
Nein! Nur das Proletentum
Drückt sich schweigend aus dem Leben.
Er begehrte andern Ruhm.

Als zu sterben er entschlossen,
Schlug er jeden auf das Ohr.
Zweie hat er selbst erschossen,
Erst der dritte kam zuvor.

PASTOR KLOPS

Das war Herr Klops, der sich beugete
Vor dem Herrn und dabei erzeugete
So viele Kinder, wie ein Kaninchen
Mit seinem Ehegespons Wilhelminchen.
Er studierte die Theologie zu K i e l,
Und lernete dort gerade so viel,
Was für einen Gottesmann genügt,
Der die Fehler der Menschheit siehet und rügt
Und einmal die Woche als mahnende Stimme
Seinen Schleim abführt mit heiligem Grimme.
Doch außer dem Zweck und Ursprung der Sünden
Konnte er eigentlich nichts ergründen.
Was braucht auch der Mensch so viel zu wissen?
Als Pastor kann man es leicht vermissen.
Man ist vernagelt nach altem Brauch,
Wie viele Pastoren sonst eben auch.
Die Ehe aber gedieh mit Kindern;
Des Frommen Fleiß läßt sich nicht verhindern,
Denn dieser ist sich gar wohl bewußt,
Daß die schändlichen Werke der Fleischeslust
Im Stande der Ehe gelten als Pflicht,
Und keineswegs als Sünde nicht.
Aus diesen Gründen kam es davon,
Daß Klops erzeugete einen Sohn,
Der jetzund wieder allda zu K i e l
Als Theologe nicht ganz soviel
Wie sein guter Vater erlernet hat.
Er folget dem Herrn als ein Kandidat
Und ist verlobt mit Müllers Christinchen,
Mit welcher er wieder wie ein Kaninchen
Getreulich sorget, auf daß die Klöpse
Sich weiterpflanzen als Kirchenschöpse.

Der alte Klops hat auch fünfzehn Töchter,
Durch deren Anblick der Trieb der Geschlechter
In der ganzen Gemeinde erstorben ist.
So wirkete er als Pfarrer und Christ.

AN DIE BERLINER KUNSTAKADEMIKER

Euer Großvater in seiner Jugend –
Donnerwetter! – Das war ein Borsch!
Eifrig schwärmend für Freiheit und Tugend,
Und ein Rauhbein! Und furchtbar forsch!

Eine Feder stak ihm auf dem Hute,
Und rot war sie noch dazu! Ja!
Die trug er frei mit grimmigem Mute,
Und schimpfte – euer Großpapa.

Euer Vater? Na, der war schon milder,
Nicht ganz so grob, nicht ganz so frei;
Immerhin war er dennoch ein wilder
Anhänger der Fortschrittspartei.

Auf seinem Hute stak keine Feder,
Und er schimpfte abends zu Haus;
Zog er aber am Stammtisch vom Leder,
Setzte er Sicherheit voraus.

Und ihr? Kinder, wie seid ihr geraten!
Das ist ja äußerst lobenswert,
Wie ihr glühend mit Worten und Taten
Die Obrigkeit preiset und ehrt!

Da sieht man, wie sich die Zeiten drehen!
Die Menschheit wird allmählich gut.
Hätt' euer Großpapa das gesehen –
Mit der roten Feder am Hut!

ALT-HEIDELBERG
(Nach der Weise: O alte Burschenherrlichkeit!)

Dornröslein! Altes Heidelberg!
Wach auf aus deinen Träumen!
Perkeo, durstgeplagter Zwerg,
Dich jagt man aus den Räumen,
Den alten Räumen lieb und traut!
Alt-Heidelberg wird umgebaut!
    O jerum, jerum, jerum!
    O quae mutatio rerum!

O liebe Sagenherrlichkeit,
Nun will man dich versauen!
Es soll nicht mehr die alte Zeit
Auf uns herniederschauen.
Es will die neue Höflingskunst,
Daß man auch dieses Schloß verhunzt.
    O jerum, jerum, jerum!
    O quae mutatio rerum!

Was so viel lange Jahre stund,
So lang' getrotzt den Stürmen,
Muß weichen dem Theaterschund
Mit Spitzen, Erkern, Türmen.
Es wird bald ein Berliner Dom
Sich spiegeln in dem blauen Strom.
    O jerum, jerum, jerum!
    O quae mutatio rerum!

Sie müssen einmal heutzutag
Das Alte frisch lackieren,
Und alles, was uns freuen mag,
Höchstselbst verungenieren.
So wird das Alte ausgewischt
Und neuer Geist uns aufgetischt.
    O jerum, jerum, jerum!
    O quae mutatio rerum!

Den Firnis spürt man überall;
Das Echte muß verschwinden.
Die Wahrheit kann im Phrasenschwall
Bei uns kein Heim mehr finden.
Man tut bloß, was man oben will;
Die feigen Knechte schweigen still
    Und drehn sich hinum, herum.
    O quae mutatio rerum!

DES WEISEN LEHRE

Künstler, wollt ihr Geld verdienen –
Und wer wollte dieses nicht? –
Höret, was mir recht geschienen,
Höret, was der Weise spricht:

Wessen Gunst sollst du erringen
Mit dem Bild, was du gemalt?
Erstens doch vor allen Dingen
Dessen, der den Kitsch bezahlt.

Zweitens fällt der Kritisierer
Bei der Sache ins Gewicht,
Denn als Mensch und Zeitungsschmierer
Ist er ohne Einfluß nicht.

Drittens oder allererschtens,
Maler, was du auch gemacht,
Hast du dabei deines Ferschtens
Deines Landesherrn gedacht?

Seine Huld belebt die Musen,
Und auch die der Malerei.
Sorge, daß in deinem Busen
Dieser Glaube innig sei.

Male, wie du, wenn du laben
Willst dich an des Herrschers Gunst,
Wünschen wirst, gemalt zu haben.
Dieses heißt man auch 'ne Kunst.

AN DER RIVIERA

An der langen Tafel sind wir gesessen
Im Hotel. Und ich muß sagen,
Man hat da wirklich vortrefflich gegessen,
Auch über das Trinken war nicht zu klagen.

Alle Leute, die wir gesehen,
– Man hätte das gar nicht zu sagen brauchen –
Schifften erst kurz in die Häfen der Ehen;
Es waren Deutsche mit ihren Frauchen.

Die Männchen sind sichtlich sehr stolz gewesen
Über alles, was bereits vorgefallen;
In den Siegerblicken war es zu lesen,
Sie zeigten es gerne und öffentlich allen.

Die Frauchen bewiesen mit leuchtenden Blicken,
Daß sie das Mädchenhafte bezwungen
Und fähig waren, so ganz zu beglücken
Die Männchen, welche sie sich errungen.

Und daß sie endlich begehen dürften,
Was sie bis jetzt als verboten kannten –
Und daß sie mit Freuden die Wonnen schlürften,
Auch durchaus nicht abscheulich fanden.

Es wurde mit Blicken herumgeschmissen,
So ganz, als ob sie alleinig seien
Mit den geheimen Verständnissen
Und den gesetzlichen Schweinigeleien.

WECHSEL

Immer, wenn es Frühling ist,
Fühlt man schöne Triebe,
Und man spricht so manchen Mist,
Meistenteils von Liebe.
Unser Mädchen glaubt es wohl;
Die Natur der Frauen
Zwingt sie ja, dem größten Kohl
Blindlings zu vertrauen.
Wenn das Korn am höchsten steht,
In den Sommerszeiten,
Findet, wer zu Zweien geht,
Leicht Gelegenheiten.
Lockrer wird das süße Band,
Wenn die Früchte reifen,
Will sie es auch vorderhand
Noch nicht recht begreifen.
Liebste, füge dich darein!
Was ist auch dahinter?
Ich will wieder ledig sein
Für den nächsten Winter.

PATRIOTISMUS

Wenn der Abend sinkt nach heißem Tage,
Und der Bürger das Geschäft beschließt,
Überlegt er sich, wo von der Plage
Ruhe und Erholung er genießt.

Er begibt sich in den Wirtschaftsgarten,
Vorher kauft er sich noch eine Wurst;
Manche sind schon da, die auf ihn warten,
Hingetrieben von dem gleichen Durst.

Viele Stunden sitzen sie beisammen,
Eng umschlungen von der Freundschaft Band,
Bei dem Trunke schlägt in hellen Flammen
Oft die Liebe zu dem Vaterland.

Insbesondre, wenn die Liedertafel
Zu dem Bier die deutschen Lieder singt,
Oder wenn ein Redner viel Geschwafel
Und ein Hoch auf seinen Fürsten bringt.

Doch die Liebe wandelt sich in Grollen,
Und es trübt sich dieses schöne Bild,
Wenn es heißt, man müsse mehr verzollen.
Oh! da wird der deutsche Bürger wild!

Drei Mark fünfzig für den Zentner Weizen
Will von nun an die Regierung mehr;
Könnt ihr so die Patrioten reizen,
Hält die Liebe auch nicht länger her.

SORGEN

Tiefe Sorgen sind nun eingeschlichen
In das deutsche Heim. Mit kurzen Strichen
Sei das ganze Elend dargestellt!
Ochsen, Kühe, Schweine, Schafe, Kälber
Werden teuer. Reiche Leute selber
Haben ihre Fleischkost eingestellt.

Seufzend stehen in der kleinen Küche
Unsre Frauchen. Alles geht in Brüche,
Und es schwindet das Familjenglück.
Nicht das Herz allein, es hat der Magen
In der Ehe sehr viel mitzusagen,
Und der Fleischpreis gehet nie zurück.

Wer beschreibt die nächtlich wilden Szenen?
Und wer zählt die bitterheißen Tränen
Einer Gattin in dem Ehebett?
Nicht mehr reizt die jugendliche Büste,
Es vergehen alle Fleischeslüste,
Kriegt man täglich nur ein Omelett!

Ja, der Staat wird es mit Reue merken!
Kann der Bürger sich nicht besser stärken,
Dann erlischt die Liebe mehr und mehr.
Und ich sehe schon in weiten Fernen
Gänzlich ausgestorben die Kasernen,
Ausgestorben seh ich Volk und Heer.

FRAUENKLAGE

In den heiß gewärmten Ehebetten
Warten deutsche Frauen auf die Männchen.
Diese meiden ihre Rosenketten,
Sitzen lieber bei den vollen Kännchen.

Mancher, den ein legitimes, nacktes
Weibchen lockt in aufgewühlten Kissen,
Sitzt beim Kellnerfräulein, und er packt es
Ohne Scheu vor Sittenhindernissen.

Früh am Morgen taumeln heim die Biedern,
Rülpsend nahen sie dem Ehehafen,
Nicht mehr fähig, Liebe zu erwidern
Und vom Drang' erfüllt, sich auszuschlafen.

Welche Bilder muß die Gattin sehen!
Was vernimmt die Zärtliche an Tönen!
Diese Laute, welche hier geschehen
Sie gehören nicht ins Reich des Schönen.

Amor flieht, vertrieben von Geräuschen,
Die den Stempel der Gemeinheit tragen
Und betreff der Herkunft niemand täuschen.
Amor flieht, und deutsche Frauen klagen.

DAS URALTE MÄNNCHEN

Kennt ihr das uralte Männchen
Mit runzligem Angesicht
Und mit dem wackligen Kopfe?
Kennt ihr das Männchen denn nicht?

Man siehts nur einmal im Jahre;
Dann bleiben die Leute steh'n
Und sagen: »Das Mümmelgreischen
Ei, kann es wirklich noch geh'n?

Wir glaubten, es sei gestorben,
Die Erde deckte es zu;
Wallt es noch immer auf Erden?
Wann kriegt's die ewige Ruh?«

Das Männchen schreitet vorüber,
Es hustet, räuspert und spuckt
Und hat aus erloschnen Augen
Gar seltsam uns angeguckt.

Es klettert auf einen Brunnen,
Der vor dem Rathause stund.
»Es lebe der Landesvater
Und bleibe lange gesund!«

So ruft es mit meckernder Stimme,
Dann steigt es wieder herab.
Ein Jahr lang sieht man's nicht wieder,
Ein Jahr lang liegt es im Grab.

Ihr fragt, wer das alte Männchen
Mit wackligem Kopfe sei?
»Die nationalliberale,
Die Mümmelgreisenpartei.«

SÜDTIROL

In Tirol die Kapuziner
Haben hochgewölbte Bäuche
Sind des Herren fromme Diener
Und mit Wein gefüllte Schläuche.

In Tirol die Jesuiten
Haben runde Angesichter,
Auch die *patres Karmeliter*
Sind gar fette Kirchenlichter.

Reichlich gibt der Kirchenfiskus,
Und gefüllt sind seine Spinde.
Auch die Jünger vom Franziskus
Sind wie runde Faßgebinde.

Wenn sie so in milder Güte
Wohlgefüllt vorübergehen,
Zieht das brave Volk die Hüte,
Bleibt in tiefer Ehrfurcht stehen:

Ach! Man sieht im Volke leider
Nur die magersten Gestalten;
Schlotternd sitzen alle Kleider,
Denn der Leib kann sie nicht halten.

Braves Volk, das so verachtet
Diese schalen Erdengüter
Und den Platz im Himmel pachtet
Durch die dicken Seelenhüter!

RITTER VON ORTERER

Pius Schröfel dient dem Vaterlande
Bayern in dem Eisenbahnverbande.
  Seinen Namen man sehr wenig kennt.
Georg Ortrer, Ritter von, ist besser
Uns bekannt als Gymnasialprofesser,
  Überdies als Kammerpräsident.

Pius Schröfel knipst den Passagieren
Die Billeten ein zum Kontrollieren.
  Er ist angestellt zu dem Behuf.
Georg Ortrer muß die Glocke läuten
In der Kammer und die Herrn bedeuten,
  Was sich schickt, durch einen Ordnungsruf.

Neulich trafen sich die beiden Herren;
Schröfel wollte den Perron versperren,
  Weil Herr Ortrer kein Billet besaß.
Herr von Ortrer ließ sich nicht verhindern,
Denn er hatte seinen siebzehn Kindern
  Eine Tour gelobt als Sonntagsspaß.

Pius Schröfel wollte dienstlich sprechen
Und das Reglement der Bahn nicht brechen,
  Ohne Rücksicht der Respektsperson.
Georg Ortrer mußt in Zorn entbrennen;
Einen Mann, wie ihn, nicht zu erkennen,
  Spricht doch aller guten Sitte Hohn.

Pius Schröfel ließ sich's nicht genieren,
Ließ den Präsidenten erst passieren,
  Als man es von oben angeschafft.
Herr von Ortrer wollte anfangs boxen,
Doch dann hieß er Schröfel einen Ochsen.
  Wer das Rindvieh ist, bleibt zweifelhaft.

DER KANONIER

Es sind in unserm Städtchen
Ja der Soldaten viel;
Ein jeder will ein Mädchen
Zum süßen Liebesspiel,
Da suchet sich wohl eine
Und zwei und drei und vier
Viel lieber noch, als keine,
   Juhe!
Der lustige Kanonier.

Des Abends in den Gassen
Spazieren wir einher;
Wo wir uns sehen lassen,
Gefällt's den Mädchen sehr.
Sie denken sich im stillen:
»Ein bayrischer Soldat,
Der wär nach meinen Willen«,
   Juhe!
Wenn sie noch keinen hat.

Und hat sie einen andern,
Noch an demselben Tag
Läßt sie ihn gerne wandern,
Wohin er gehen mag.
Denn kein Soldat im Städtchen
Macht ja so viel Pläsier
Den liebevollen Mädchen,
   Juhe!
Als was ein Kanonier.

SOLDATENLIEBE

Weißt du noch die schönen Maientage,
Wo die Liebe uns beseligt hat?
Du gestandest mir auf meine Frage,
Ja, das Liebste ist dir ein Soldat,
     Die Soldaten liebest du so sehr,
     Und am meisten noch die Schwalanscher.

Wo du gingest, bin ich mitgegangen,
Und am Himmel hat der Mond gescheint,
Wenn wir leise Liebeslieder sangen,
Und die Herzen innig sich vereint.
     Und beim Abschied sagtest du: o kehr
     Morgen wieder als mein Schwalanscher!

Ach, vorbei sind jene schönen Stunden,
Wo die Liebe treue Liebe fand.
Aus dem Sinne bin ich dir entschwunden,
Deine Falschheit hab ich wohl erkannt.
     Wo ich liebte, gingst du heimlich her,
     Nahmst dir einen andern Schwalanscher.

Lebe wohl! Das macht mir keine Schmerzen,
Deine Treue hat verweht der Wind,
Und ich finde wohl noch andre Herzen,
Wo die Freuden nicht geringer sind.
     Das wär traurig, gäb's kein Mädchen mehr
     Für dem König seinen Schwalanscher.

DIE SCHWEREN REITER

Der König muß wohl haben
Eine stolze Reiterei,
Und die gar fröhlich traben,
Wohin es immer sei.

Und sieht er uns von Ferne,
Dann wird er wohlgemut,
Denn er hat ja auch so gerne
Das frische Reitersblut.

Wir müssen ihm bereiten
Den allerschönsten Sieg;
So kann er ruhig streiten
In einem blutigen Krieg.

Laßt die Musik erklingen!
Trompeter blas hinein,
Es muß uns wohl gelingen,
Weil wir schwere Reiter sein.

Und wenn gar lustig wehen
Die Fähnlein in dem Wind,
Dann kann der König sehen,
Wo die tapfern Bayern sind.

BOARISCH

De Gambsein, de schiaß' ma'r a so;
Mir gengan wohl außi zu'n Jag'n,
Mir gengan wohl aufi auf d' Schneid
Und brauch'n koan Jaga net z' frag'n,
 Kimmt oana dazua,
 Der gibt scho a Ruah,
 Mir schiaß'n net schlecht,
 Und da G'schwinder' hat Recht.

De Deand'ln, de liab'n ma'r a so;
Mir kemman a's Fenschta'r auf d' Nacht.
Mir klopfan gar sachte wohl an,
Bis daß sie vo drinna aufmacht.
 Und da Pfarra bei 'n Tog
 Ko plärr'n wia 'r a mog,
 Bal's d' Leut amal seh'g'n,
 Is d' Hauptsach scho g'scheh'g'n.

WARNUNG VOR PARIS

Wandle ehrbar unter welschen Frauen,
Blonder und bebrillter Voll-Germane!
Nur den Teutschen darf der Teutsche trauen,
Außerdem – was sagte wohl dein Ahne?

Schau um dich, und du erblickst die Sünde;
Wie sie lacht aus tausend schönen Augen!
Glaube mir, was ich dir jetzt verkünde:
Nicht dem Teutschen kann die Wollust taugen.

Zartestes Parföng durchweht die Lüfte
Und versetzt die Welschen in Ekstase.
Wir verschmähen die pikanten Düfte,
Nur das Derbe liebt die teutsche Nase.

Nicht bloß außen – nein! auch unterm Kleide
Strebt man schön zu sein bei den Französchen;
Knisternd rauscht des Unterrockes Seide,
Und mit Spitzen sind geschmückt die Höschen.

Teutscher! Wende dich zu deinem Weibe!
Seine Formen sind nicht so gedrechselt,
Wolle trägt es auf dem keuschen Leibe,
Die es wöchentlich bloß einmal wechselt.

Hier sei glücklich, wie die Ahnen waren!
– Mag die Unmoral auch besser riechen,
Teutsches Mark in teutschen Knochen sparen,
Ist viel besser als dahin zu siechen.

BEKEHRUNG

Herr Wilhelm Knilke, ein treugesinnter
Familienvater und Untertane,
– er hatte bei Gravelotte gefochten,
Und marschierte Sonntags als Veterane –

Seiner Ehe entsprossen verschiedene Kinder,
Auch sonst war sein Wirken reich gesegnet,
Mit kurzen Worten, er war ein deutscher
Bürger, dem man mit Achtung begegnet.

Herr Knilke also war jüngst in Hamburg
Geschäftlich, sagt er, zur Gelderhebung.
Ich sah ihn dort im Matrosenviertel
In einer sehr wenig feinen Umgebung.

Zwei dicke Damen in Babykostümen
Waren bemüht um den alten Knaben,
Er sagte zu mir im Vorübergehen:
»Man muß das auch mal gesehen haben.«

Er verschwand mit ihnen und kam erst wieder
Ungefähr nach einer halben Stunde.
Es lag ein schmerzlich sentimentaler,
Ein ernster Zug über seinem Munde.

Er führte mich fort und sagte seufzend:
»Man sollte mit so was sich nicht abgeben.
Es gibt nur eines, was wirklich befriedigt,
Das reine, deutsche Familienleben.«

FRÜHLINGSAHNUNG

Herrgott, ich rieche Frühlingsluft!
Es liegt so was wie Veilchenduft
    Um alle grünen Sträuche.
Jetzt kommen vor die Ladentür
Die Krämersleute all herfür
    Und wärmen sich die Bäuche.

Nun hat die Sonne wieder Kraft.
Das ist die Zeit der Leidenschaft,
    Wo alle Böcklein springen.
Will mir ein Mädchen gnädig sein,
Dann könnt es auch dem Dichterlein
    Dem Dichterlein gelingen.

Der Teufel weiß, woran das liegt,
Daß uns die Lust am Zipfel kriegt
    In diesen Frühlingszeiten.
Ja selbst ein sanfter Mensch wird keck,
Mich könnte jetzt ein lieber Schneck
    Zum dümmsten Streich verleiten.

Doch wenn es so geschehen müßt,
Daß mich kein ledig Mädchen küßt,
    Dann ist das allerbeste:
Ich hüpf um eines andern Frau,
Und lebe wie der Kuckuck schlau
    Vergnügt im fremden Neste.

IM MAIEN

Ach! Im Frühlingsüberschwange
Fühlt ein jedes Hundeherz
Sich getrieben von dem Drange,
    Ohne Ruh
    A-hu! A-hu!
Von der Liebe süßem Schmerz.

Milder werden ihre Sitten;
Es ergreift Melancholie
Alle, die vergeblich bitten.
    Darum du
    A-hu! A-hu!
Hundedame, höre sie!

Fühlst du keine jener Schwächen,
Die das Herrenvolk verehrt?
Oh! das muß sich einmal rächen!
    Nur so zu!
    A-hu! A-hu!
Auch der Mops hat seinen Wert.

Eh du's meinst, vergeht die Jugend;
Und mit der du so gegeizt,
Gerne gäbst du deine Tugend,
    Alte Kuh!
    A-hu! A-hu!
Die dann keinen Pinscher reizt.

Mädchen! sieh an diesen Hunden,
Was auch unsre Wünsche sind!
Hast du wen im Mai gefunden,
    O so tu!
    A-hu! A-hu!
Alles, was er will, mein Kind!

SOMMERNACHT

Laue, stille Sommernacht,
Rings ein feierliches Schweigen,
Und am mondbeglänzten See
Tanzen Elfen ihren Reigen.

Unnennbares Sehnen schwillt
Mir das Herz. In jungen Jahren
Hab ich nie der Liebe Lust,
Nie der Liebe Glück erfahren.

Schmeichelnd spielt die linde Luft
Um die Stirne, um die Wangen.
Und es faßt mit Allgewalt
Mich ein selig-süßes Bangen.

Blaue Augen, blondes Haar
Soll ich bald mein eigen nennen?
Und der Ehe Hochgefühl
Soll ich aus Erfahrung kennen?

In der lauen Sommernacht
Wird sie dann im Bette sitzen,
»Männchen«, frägt sie, »sag mir doch,
Mußt du auch so gräßlich schwitzen?«

HERBST

Der Wein, der ist wohl manches Jahr
Im Kellerraum geblieben;
Da war noch krausgelockt mein Haar,
Wie der als Most getrieben.

So manches Mädel dreht den Kopf,
Kam ich daher gegangen,
Und jeder Rock und jeder Zopf
Schuf brennendes Verlangen.

Wie kann man so vernünftig sein
Nach all dem tollen Gären?
Das Alter muß wohl jungen Wein
Und junge Liebe klären.

WEIHNACHTEN

Christabend.
Knirschender Schnee,
Eisige Blumen
An allen Fenstern.
Wie sitzt es sich wohlig
Im warmen Zimmer
Hinter der dampfenden
Punschterrine,
Lachende Augen um mich herum.
Fröhliche Worte
Und frohe Herzen.
Ei, Kinder, wie ist das behaglich!
Da wird einem warm,
Ruft Erinnerung wach
An die helle, freundliche Jugendzeit.
Und weißt du es noch?
Und wie 's damals war
In dem alten, traulichen Försterhaus?
Das will ich erzählen.
In der Winternacht,
Die Berge wie riesige Zuckerhüte,
Mit Demanten bestreut,
Und alle die Tannen
Mit Reif bedeckt,
Ein Glitzern und Flimmern
Um Strauch und Baum,
Als hätten die Englein,
Den Herrn zu ehren,
Viel tausend Lichter
Rings aufgesetzt.
Und die Sterne funkeln
So mild und hell.
Drinnen im Haus

Die kleine Schar
Erwartungsfreudig, voll Ungeduld.
Da führt uns die Mutter
Zum Fenster hinan.
In banger Scheu
Blicken die glänzenden Kinderaugen
In das Glitzern und Flimmern,
In die schweigende Nacht.
Und horcht!
Ein Singen und Klingen
Geht durch die Luft,
Christkindlein kommt,
Christkindlein zieht durch den Wald.
Wie klopfen die Herzen!
Wie glühen die Wangen!
Schon ist es da,
Öffnet die Tür,
Und im hellen Schein
Strahlet wieder der Weihnachtsbaum!
Jubelnde Stimmen,
Glückliche Kinder.
Wißt Ihr es noch?
Wißt Ihr, wie 's damals war?
Stille wird es im Kreise,
Und in jedem erwacht
Mächtig Erinnerung
An die helle,
An die sonnige Jugendzeit.
Alle schweigen. Nur eine spricht,
Nur ein älteres Fräulein spricht.
Seufzend sagt sie, wer so erzählt,
Hat doch eigentlich ein Gemüt,
Und er sollte, sobald es geht,
Sich verheiraten.

KARNEVAL

Väter, hört mich, Mütter, hört die Mahnung,
Jetzt kommt wieder jene Zeit – versteht! –
Wo so manche Tugend ohne Ahnung
Der Besitzerin abhanden geht.

Beute suchend schleicht umher das Laster;
Wer ist sicher, daß ihm nichts geschieht,
Wenn man jetzt der Busen Alabaster
Und beim Hofball auch die Nabel sieht?

Von den Blicken kommt es zur Berührung,
Irgendwo zu einem Druck der Hand,
Und so manches Mittel der Verführung
Sei aus Scham hier lieber nicht genannt!

Wenn an hochgewölbte Männerbrüste
Sich das zarte Fleisch der Mädchen drängt,
Regen sich von selbst die bösen Lüste
Und was sonst damit zusammenhängt.

Darum Eltern, wenn die Geigen klingen
Und die Klarinette schrillend pfeift,
Hütet eure Tochter vor den Dingen,
Die sie hoffentlich noch nicht begreift!

FASCHING

Jetzt is für die Menscher
Die allerschönst' Zeit,
San ma allesamt narrisch,
Is koana net g'scheit,
Zahlt koana seine Schulden,
War ma dumm, bal ma's tat,
Denn bei der Musi, Musi, Musi, Musi,
    Bei der Musi werd 'draht.

Is d' Faßnacht vaganga,
Nacha hoaßt's: auweh zwick!
Da Geldbeutel ist moga,
Und 's Mensch, des is dick.
Aba lusti is g'wesen,
Auf dessell geht's net z'samm,
Weil ma'r a Gspusi, Gspusi, Gspusi, Gspusi
    Und a Gspusi g'habt hamm.

ASCHERMITTWOCH

Der Karneval ist wieder einmal vorüber;
In den guten Familien hört man erzählen,
Welche Töchter einen, oder auch nicht gefunden,
Mit dem sie sich eventuell vermählen.

Mancher Vater, der nachträglich alles bezahlte,
Bemerkte, daß es ihn beinahe reute,
Aber die Mutter hofft in bestimmter Weise
Auf eine um so bessere Frühjahrsbeute.

In den feinen Kreisen denken die Eltern,
Wie es ihnen könnte am schnellsten gelingen,
Alle Möbel, welche sie hineingetragen,
Wieder aus dem Leihhause herauszubringen.

Während die Alten sich dergestalt sorgen,
Sieht man die jungen Leute eifrig beraten,
Wie sie die Früchte der Bekanntschaften pflücken,
Das heißt, wenn sie dieses nicht schon vorher taten.

GRÄSSLICHES UNGLÜCK
welches eine deutsche Familie betroffen hat

Im Wirthaus sitzt der Vater,
Die Mutter im Theater,
Sie schwelgt im Kunstgenuß.
Die Tochter, unschuldsreine,
Liest still beim Lampenscheine
Den Simplicissimus.

Wie alle höh'ren Töchter,
Hat sie nicht der Geschlechter
Verschiedenheit gekennt.
Doch als sie dies gelesen,
Ist alles futsch gewesen,
Was man moralisch nennt.

Sie ließ den Storchenglauben
Wohl über Nacht sich rauben,
Und sonst noch mancherlei.
Sie las vergnügt die Witze,
Verstand die frechste Spitze,
Und wußte, was es sei.

Als dies die Mutter ahnte
Und ihr das Schlimmste schwante
Sprach sie nicht einen Ton.
Sie schloß in ihrer Kammer
Sich ein, mit ihrem Jammer
Und einem Bariton.

Noch tiefer ist gesunken
Der Vater. Schwer betrunken
Holt er sich bald die Gicht.
Wie war er gut katholisch!
Jetzt ist er alkoholisch,
Bis daß sein Bierherz bricht.

Er geht nicht mehr von hinnen,
Poussiert die Kellnerinnen
Vor Gram und Überdruß.
Und wer hat das verschuldet?
Der, den man leider duldet,
Der Simplicissimus!

LUMPENLIED

Wenn man so an Werkeltagen
Stillvergnügt beim Weine sitzt.
Sieht man, wie sich andre plagen,
Wie so mancher furchtbar schwitzt.
Und der Weise trinkt und spricht:
Dies mißfällt mir wirklich nicht,
Es ist nötig unbedingt,
Fideldibum!
Daß der Mensch was vor sich bringt.
Fideldibum und schrumm!

Manchmal sucht man sich Vergnügen
Bei des Nachbars hübschem Kind,
Soll die Liebe nicht genügen,
– Wie nun einmal Mädchen sind –
Ei, da sagt man, liebe Maus,
Such dir einen andern aus,
Denn die Ehe muß wohl sein,
Fideldibum!
Doch ich selber fall nicht rein.
Fideldibumm und schrumm!

Stirbt man in gepumpten Kleidern,
Lebt man fort noch manches Jahr
Unvergeßlich allen Schneidern,
Denen man was schuldig war.
Seinen Enkeln sagt der Spieß
Über uns noch das und dies,
Seufzend spricht er: ja, hier liegt
Fideldibum!
Der, von dem ich nichts gekriegt.
Fideldibum und schrumm!

KATZENJAMMER

Oh! wenn ich doch anständig wäre
Und so dichtete, daß jede Frauenzeitung
Alle Wochen brächte von mir eine Märe
Oder auch Lyrisches zur weiten Verbreitung!

Wenn ich bedenke, daß die deutschen Hausfrauen
Beim Morgenkaffee verschlängen meine Zeilen,
Daß die besten im Land mir schenkten Vertrauen,
Sollte ich doch mit meiner Bekehrung eilen!

Es würde sich diesfalls hie und da begeben,
Daß sich um mich die besorgten Mütter drängen
Und versuchten, mir für das irdische Leben
Ihre noch ledigen Töchter anzuhängen.

Auch die Väter würden mir dasselbe gönnen
Und sagen: »Wir wollen ihn einmal anschmieren;
Wenn wir keinen anderen nicht kriegen können,
Müssen wir es doch schon mit diesem probieren.«

Was habe ich eigentlich sonst auf der Erde?
Daß die besten Deutschen furchtbar auf mich schimpfen?
Und daß ich niemals nicht verheiratet werde?
Und daß sie mich noch im Grabe verunglimpfen?

Soll ich niemals erfahren den Kindersegen?
Und durch meine Schuld die Fortpflanzung verhüten?
Wo doch sogar alle Hühner Eier legen
Und sich bemühen, dieselben auszubrüten!

Ja, ich will von heute ab anständig bleiben
Und meine Aufführung ganz anders einrichten.
Ich will jetzt für die Frauenzeitungen schreiben
Und im Sinne der deutschen Käsblätter dichten.

»PETER SCHLEMIHL«

Gedichte
von
Ludwig Thoma

Albert Langen
Verlag für Litteratur und Kunst
München 1906

TRAUERVOLLER RÜCKBLICK UND
FRÖHLICHER ANFANG

Ihr Freunde traut und wohlgeneigt,
Ich bin schon wieder angezeigt.
Der Schreiber oder Sekretär
Nimmt einen neuen Bogen her.
Der Staatsanwalt spannt schon den Hahn
Und legt die Flinte auf mich an,
Der Richter rollt sein Augenpaar,
Es sträubt sich sein Juristenhaar;
Sie haben all auf mich gebirscht;
Die Tinte spritzt, die Feder knirscht.
Der Polizeihund fletscht den Zahn
Und knurrt mich ganz abscheulich an.
Ihr Freunde, trauert nicht so fast!
Ich sitze fröhlich auf dem Ast
Und pfeife, wie der Vogel pfeift,
Ob auch Justiz den Säbel schleift.

DEUTSCHLAND UND FRANKREICH

Hebt hoch das Glas! Wir wollen sagen:
So lieben wir dich, deutsches Land,
Wie Mutterschoß, der uns getragen;
Und Ehrfurcht heiligt unser Band.

Doch wer dich hegt in treuem Herzen,
Der will für dich kein Heldentum,
Erkauft um bitt're Mutterschmerzen,
Der wünscht dir keinen eiteln Ruhm.

Nicht, was an dir die Fürsten preisen
Und Pfaffen segnen, gilt uns wert.
Sei du als Heimat uns der Weisen,
Als Land der Arbeit sei geehrt.

Es sollen dir die besten Siege
Für Freiheit noch beschieden sein,
Und reich die Hand in diesem Kriege
Der edlen Schwester überm Rhein!

KANONENFUTTER

Hinter den Mauern, hinter den Schlöten,
Liegt euer Vaterland,
Ihr sollt euch schlagen dafür und töten,
Und habt es niemals gekannt.

AFRIKA

's ist erfreulich und schön zu lesen,
Unser Deutschland ist reich gewesen
An Erfolgen die letzten Wochen.
Alle haben wir ausgestochen.
Erst Marokko; fein abgeschnitten,
Sind in Tanger gar wohl gelitten,
Haben die Welt in Atem gehalten,
Stoff gegeben für tausend Spalten.
Und das Staunen war kaum verwunden,
Haben wir wieder was Neues gefunden,
Sind zum leider verkrachten Zaren
Unvermutet und jählings gefahren,
Alle Reporter und Preßkarnickel
Schreiben längliche Leitartikel.
Deutschland voran in allen Blättern,
Fett gedruckt mit den größten Lettern.
Ja, man kann es schon übersehen,
Was für Dinge noch sonst geschehen,
Als zum Beispiel: Es sind gestorben,
Sind gefallen und sind verdorben,
Fielen dem Tode als reiche Beute
Wieder hundert der jungen Leute,
Die zum Süden herunter kamen.
Flüchtig liest man die deutschen Namen,
Morgen sind sie wieder vergessen;
Wenn wir stolz die Erfolge messen,
Und uns glücklich und mächtig wähnen,
Rinnen leise die Muttertränen.

VERWANDLUNG

Und als der Krieg die Männer fraß,
Gab's wen, der hinterm Ofen saß
Verzagt in seinem Häuschen:
    – Zar Nikoläuschen.

Der Friede kam nun in die Welt.
Da geht, als wie ein rechter Held,
Aus seinem Kämmerchen heraus:
    – Zar Nikolaus.

Die Flotte hin, kaputt das Heer,
Und Petersburg sah ihn nicht mehr.
Es war in seinem Häuschen:
    – Zar Nikoläuschen.

Auf Regen folgte Sonnenschein,
Jetzt ist die Hose wieder rein,
Es flicht sich einen Lorbeerstrauß:
    – Zar Nikolaus.

Die Schande ward zum hohen Ruhm,
Die Feigheit ward ein Heldentum,
Ein Löwe ward das Mäuschen:
    – Zar Nikoläuschen.

Er wird nun wieder – etwas spät –
Der Führer, Kriegsherr, Majestät,
Hält Reden und teilt Orden aus.
    O Nikolaus!

DELCASSÉ

Wir wollen Frieden. All die tausend Hände,
Die Tag für Tag in Ehren Arbeit schaffen,
Sie schleudern nicht in Hütten Feuerbrände,
Und keine greift begierig an die Waffen.

Wenn sie nicht wollen, wer kann alle zwingen,
Daß sie gleich wilden Tieren sich zerfleischen?
Wer kann sie sehend ins Verderben bringen?
Wer darf Gehorsam zu Verbrechen heischen?

In all den Tausenden lebt nur ein Wille,
Und so genügt es, ernsthaft ihn zu zeigen?
Ich frag' euch alle. Warum seid ihr stille?
Vernunft, gib Antwort! Nein! Vernunft muß schweigen.

Ein Narr darf mit dem Glück von allen spielen,
Und will's die Eitelkeit des kranken Laffen,
Die vielen Tausend mit den harten Schwielen,
Sie greifen stumpf und willig zu den Waffen.

AN DIE KÄMPFER IN SÜDWESTAFRIKA

Sie sagen, daß wir euch verhöhnen,
Und euer Schicksal rühr' uns nicht,
Wenn ihre hohlen Phrasen tönen
Von Ruhm und treu erfüllter Pflicht.

An Mitleid, das sie reichlich spenden,
Sind ihre kalten Herzen leer,
Sie werden morgen wieder senden
Die neuen Opfer übers Meer.

Verlangt nicht ihr, daß unsre Stimme
Mit ihren Lügen sich vermengt.
Das Wort erstickt im heißen Grimme;
Er hat das Lob zurückgedrängt.

Der Ruhm, den ihr euch dort errungen,
Wie ist um diesen Ruhm uns leid!
Es greift ans Herz, ihr braven Jungen,
Daß ihr für nichts geopfert seid.

»HEIMARBEIT«

Die Mutter näht, die Tochter näht,
Es wurde früh und es wurde spät,
Das Mondlicht schien zum Fenster herein,
Dann kam der dämmernde Morgenschein.

Die Mutter seufzt, die Tochter gähnt
Sie hat sich müde zurückgelehnt;
Das Rad geht um, die Nadel tickt,
Sie wäre beinahe eingenickt.

Sie redet müde vor sich hin:
»Ach ja, die edle Kaiserin,
Sie weiß es jetzt, wir sind schlimm daran,
Und sagt es heute noch ihrem Mann.

Und, Mutter, wenn sie nun mit ihm spricht,
Er soll uns helfen, so glaubst du nicht,
Er wird uns helfen? Wenn er nur hört,
Was seine Frau im Herzen empört?«

Die Mutter war eine Weile still.
»Er will, mein Kind! O ja, er will,
Doch mußt du wissen: die Armut heilt,
Nur wer auch selber die Armut teilt.

Die Reichen, das ist eine andere Welt,
Sie geben aus Mitleid von ihrem Geld,
Und doch ist jeder von Abscheu berührt,
Wenn er den Odem der Armut spürt.«

KREFELDER MÄDCHEN

Krefelder Mädchen mögen keine Kaufleut' nicht ha'n,
Krefelder Kaufleut', die haben schwarze Hosen an,
Krefelder Kaufleut', die riechen nach Hering oder Zimmt,
Daß kein Krefelder Mädchen keinen Krefelder Kauf-
mann nicht nimmt.

Krefelder Mädchen mögen keine Doktors nicht ha'n,
Krefelder Doktors haben gold'ne Augengläser an,
Krefelder Doktors, die saufen als wie die nassen Schläuch',
Krefelder Doktors, die haben dicke Köpf' und dicke
Bäuch'.

Krefelder Mädchen mögen keine Apotheker nicht ha'n,
Den Krefelder Apothekern steht die Liebe nicht an,
Krefelder Apotheker haben alleweil schiefe Füß',
Für kein Krefelder Mädchen ist kein Apotheker nicht süß.

Was muß einer wohl sein? Ei, was muß einer wohl ha'n,
Daß er Krefelder Mädchen recht gut gefallen kann?
Ein Husar muß er sein mit grünem Rock und weiße
Schnür,
Ein Husar kommt Krefelder Mädchen als der schönste
Mann für.

SPLENDID ISOLATION

Man war Hans Dampf in allen Gassen,
Blies jede Suppe weit und breit,
Jetzt sind wir plötzlich ganz verlassen
Und heißen's schöne Einsamkeit.

Wir teilten schmerzlich Rußlands Nöte
Und waren tiefen Mitleids voll,
Wir lieferten nach Rom den Goethe,
Und gratis zwar, mit Fracht und Zoll.

Auch England hat uns oft gesehen,
Wir brachten unsre Liebe dar,
Wir mußten neulich brünstig flehen,
Als Spaniens König hiesig war.

Wir liefern junge Fürstentöchter
Nach Holland auch dem Prinzgemahl,
Ja, die regierenden Geschlechter
Sind meistens deutsches Material.

Wir lassen niemand ungeschoren
Und sind in allen Fällen da,
Wir tauschen alte Professoren
Und Grüße mit Amerika.

Geburten, Taufen oder Leichen
Erfolgen niemals unbewacht,
Und Trauer- oder Freudenzeichen
Hat stets der Telegraph gebracht.

Recht wie ein Schmock, der dienstbeflissen
Die Achtung vor sich selbst verliert,
Zudringlich und hinausgeschmissen –
Das heißt man »glänzend isoliert«.

DER SÄCHSISCHE LANDTAG

Sie saßen lange Zeit allein im Saale,
Recht unter sich bei reichbesetztem Mahle,
Verteilten Braten unter sich und Fisch,
Ein Brosam fiel dem Volk von ihrem Tisch.

So war es gut und schön die langen Jahre,
Das Recht, es war wie jede andre Ware,
Wer es bezahlte, hatte es – das Recht –
Und war ein Herr. – Der Arme blieb ein Knecht.

Das Volk stand harrend vor verschloßnen Türen,
Die drinnen saßen, ließen sich nicht rühren,
Sie waren satt und lächelten dazu,
Der Lärm von außen störte nicht die Ruh.

Ein Armer überschreitet jetzt die Schwelle.
Die andern fahren auf, denn Tageshelle
Dringt hinter diesem Einen in den Saal
Und stört die Freude am gedeckten Mahl.

BERLIN – MÜNCHEN

Vieles ist geschrieben worden
Für die Kunst zu ihrem Heil.
Und im Süden, und im Norden
Las der Mensch das Gegenteil.

In der Zeitung macht die Runde
Eine große Neuigkeit:
München steht im Hintergrunde,
Während jetzt Berlin gedeiht.

Oben in dem Preußenlande
Hat die Nase man gerümpft;
Unten an dem Isarstrande
Hat man fürchterlich geschimpft.

Statt daß sie erwogen hätten:
Welches ist der Unterschied
In den beiden Künstlerstätten,
Den man schon von weitem sieht?

Diesen sieht man auf den Plätzen.
Viele gibt es in Berlin,
Und die Obrigkeiten setzen
Einen Hohenzollern hin.

Denn es muß sehr viel geschehen
Für die Brandenburger Gloire.
Doch in München sieht man stehen
Überall ein Pissoire.

SÄNGERGRUSS

Sangesbrüder! Sangesbrüder!
Also drangen eure Lieder
Zu dem hohen Thron empor?
Eure fetten Bürgerstimmen,
Ja, sie durften aufwärts klimmen
Zu des Allerhöchsten Ohr.

Mancher höhere Beamte,
Der in Treue stets entflammte,
Er erreichte dieses nicht,
Und er durfte nie im Leben, –
Mocht er's noch so heiß erstreben,
Vor des Königs Angesicht.

Zucker-, Hering-, Salzverkäufer!
Dies verdankt ihr eurem Eifer
Und dem edeln deutschen Lied,
Und ihr halft dem Bürgertume
Zu dem allerschönsten Ruhme,
Daß man es zu sich beschied.

Vier Friseure, Photographen,
Die des Herrschers Blicke trafen,
Haben wacker mitgebrüllt.
Und aus Potsdam auch ein Schneider,
Der bei Hofe näht die Kleider,
Hat hier seine Pflicht erfüllt.

Zeigt euch nun durch Wohlverhalten
Dankbar für das höchste Walten,
Welches an das kleinste denkt!
Meidet alle Freiheitsschwefler,
Lebt als gute Liedertäfler
Staatserhaltend und beschränkt!

TRAURIGE GESCHICHTE VON
ZWEI FÄHNRICHEN

Neulich waren wir in Deutschland Zeugen
Von dem ausgeprägten Ehrgefühl.
Vielen Menschen ist es gar nicht eigen,
Und ein Fähnrich hat es gleich zu viel.

Hüssener mit Namen hat in Essen
Einen Menschen durch und durch gespießt,
Dieser hatte nämlich ganz vergessen
Und hat bei der Nacht ihn nicht gegrüßt.

Einen Fähnrich muß es stark erbosen,
Weil sie beinah Offiziere sind,
Darum hat er wütend zugestoßen
Und die Zigarette angezündt.

Auch in Friedrichsort, in einem Hafen,
War die ähnliche Begebenheit.
Einem Fähnrich machten hier zu schaffen
Zwei Matrosen durch Betrunkenheit.

Und sie schlugen ihn mit Namen Abel
Voller Roheit und in das Genick.
Als er ziehen wollte seinen Sabel,
Waren sie schon ziemlich weit zurück.

Die Matrosen haben sich geborgen
Vor dem Vorgesetzten durch die Flucht.
Dieser hat aus Zorn am andern Morgen
Einen Selbstmord mit Erfolg versucht.

Über diese beiden Schreckenstaten
Hat vermutlich jeder nachgedacht,
Und fast alle Zeitungsblätter hatten
Ihrerseits verschiednes beigebracht.

Und so wissen wir auf diese Weise,
Was nicht jedermann vorher gewißt,
Daß zur Zeit es nichts Geringes heiße,
Wenn der junge Mensch ein Fähnrich ist. –

PODBIELSKI

Podbielski steht im Saale;
Nach dem überreichen Mahle
Kommt sein Geistchen in den Schwung.
Er nimmt Stellung zu der Lage,
Zu der aktuellen Frage
    Über Fleischverteuerung.

Nun beginnt er aufzufassen.
Lächelnd tut er's, und gelassen,
Nicht so, wie ein armer Hund.
Denn ihm selbst ist viel gegeben,
Hint' und vorne quillt sein Leben
    Strotzend aus dem Hosenbund.

Diese Hose! Arabesken
Schmücken rückwärts den grotesken
Ausbau im Husarenstil.
Zierlich sind die bunten Streifen,
Doch der Platz, auf dem sie schweifen,
    Dieser Platz ist schrecklich viel.

Wie sich seine Hose weitet
Hint' und vorne, das bedeutet
Eine ganze Landwirtschaft.
Und man weiß, der Mann wird flöten
Auf die Zeiten, auf die Nöten.
    Dieses Bild aus Fett und Saft!

ERÖFFNUNGSHYMNE

Was ist schwärzer als die Kohle?
Als die Tinte? Als der Ruß?
Schwärzer noch als Rab' und Dohle
Und des Negers Vorderfuß?
Sag' mir doch, wer dieses kennt!
– Bayerns neues Parlament.

Und wo sind die dicksten Köpfe?
Dicke Köpfe gibt es viel,
Denken wir nur an Geschöpfe,
Wie Rhinozeross' im Nil.
Dick're hat – o Sakrament! –
– Bayerns neues Parlament.

Wer ist frömmer als die Taube?
Als die milchgefüllte Kuh?
Als der Kapuzinerglaube
Und das fromme Lamm dazu?
Frömmer ist das Regiment
In dem neuen Parlament.

Und was ist das Allerdümmste?
Schon noch dümmer als wie dumm?
Sagt mir gleich das Allerschlimmste,
Aber ratet nicht herum!
Sag' mir endlich, wer es kennt!
Himmelherrgottsakrament!!

SERBISCHES HELDENLIED

König Alexander saß in seinem Hausz
   Oh, in seinem Hausz!
Saß darin mit Wanz und Lausz,
   Wanz und Lausz.

Und die Königin saß vor dem Bett
   Saß vor ihrem Bett,
Schmierte noch ihr Haar mit Gänsefett,
   Mit Gänsefett.

Plötzlich kamen Awakumowitsch,
   Gentschitsch, Atanazkowitsch,
Christitsch, Mischitsch und Welikowitsch,
   Schiwkowitsch.

Jeder sprach: Ich bin ein freier Sřb,
   Bin ein freier Sřb,
König Alexander, du mußt střb,
   Du mußt střb!

Und sie schlachten ihn und szeine Frau
   Ihn und szeine Frau
Ab wie eine fette Sřbenszau,
   Sřbenszau.

König Peter sitzet jetzt im Königsglanz
   Jetzt im Königsglanz,
Sitzet jetzt im Hausz mit Lausz und Wanz,
   Lausz und Wanz.

IM VATIKAN

Durch die langgestreckten Gänge,
Durch die hochgewölbten Säle
Schlürfen leise, Ohren raunend,
Scheuen Blicks die Kardinäle.

Nachtgewohnte Fledermäuse,
Die sonst gern im Dunkel blieben,
Huschen hin und her bei Tage.
Was hat sie ans Licht getrieben?

Wie sie horchen! Wie sie lauern!
Wie die klugen Äuglein blitzen,
Während sich verkniffne Lippen
Frömmelnd zum Gebete spitzen!

Seiner Heiligkeit dem Papste
Nahet sich das bittre Sterben,
Und durch alle Schlüssellöcher
Spähen wartend seine Erben.

AKADEMISCHE FREIHEIT?

In Preußen gehen wieder um
Die Kamptz- und Schmalzgesellen.
Und wissen sich so frech und dumm
Wie einstens anzustellen.

Was schreit ihr Jungen Ach und Weh,
Daß sie die Freiheit rauben?
Wann blühte die in Preußen je?
Wann gab es Treu und Glauben?

Denkt ihrer Namen, Arndt und Jahn!
Als euer Land zerrissen,
Das Beste haben sie getan
Und wurden weggeschmissen.

Als Friedrich Wilhelms Königsmut
Sich vor dem Feind verschloffen,
Da däuchte ihn das Volk so gut,
Sein Herz stand allen offen.

Und hinterher und hinterdrein
Nach überstandnen Nöten,
Er sperrte die Getreuen ein,
Und alles Recht ging flöten.

Und Fritzing Reuter saß im Loch,
Weil er ein Band getragen,
Das hielten alle Burschen hoch,
Die Waterloo geschlagen.

Was schreit ihr Jungen Ach und Weh,
Daß sie die Freiheit rauben?
Wann blühte die in Preußen je?
Wann gab es Treu und Glauben?

DIE DEUTSCHE KUNST

Einst wohnte sie in einem Märchenwalde,
Von Fabeltieren war ihr Schloß bewacht
Das lag auf einer sonnbeglänzten Halde,
Und ringsum war der Tannenforste Nacht.

Gar selten mochte einem es gelingen,
Der eines unerschrocknen Sinnes war,
Zu ihrem Märchenschlosse durchzudringen.
Die Menge scheute Mühe und Gefahr.

Doch durfte nun der Tapferste sie schauen,
War keiner froher auf dem Erdenrund,
Denn ihn umfing die holdeste der Frauen
Und küßte lächelnd Stirne ihm und Mund.

Nun ward es anders, hört' ich neulich melden,
Die deutsche Kunst zog aus dem Märchenwald
Und kam nach Norden zu den Schnurrbarthelden,
Wo alle Wochen eine Rede knallt.

Sie geht zu Hofe mit geschminkten Wangen,
Wo sie verlogne Schmeichelworte sagt,
In einer Laune gnädiglich empfangen,
In einer Laune wieder fortgejagt.

DIE MÄRTYRER

Wie habe ich doch den Leutenant
In meinem Innern so sehr verkannt!
Ich hielt ihn so für ein junges Blut,
Mit wenig Weisheit, voll Übermut,
Ordentlich hinter den Mädels her,
War 's Geld zu Ende, gedankenschwer,
Doch sonst nicht immer gewissenhaft.
Ein frischer Bengel im vollen Saft.
Schoß so einer zu stark ins Kraut,
Hat er über die Schnur gehaut,
Ei, so hat man den Herrn der Welt
Wohl ein bißchen auf Eis gestellt,
Hat sich über ihn lustig gemacht,
War er gesund, hat er mitgelacht.
Herr von Einem hat uns bekehrt,
Hat uns eines Bessern belehrt,
Er verfluchte den leichten Spott
Über den Leutnant, den Schlachtengott.
Und er sagte, der Leutenant
Sterbe noch einmal fürs Vaterland,
Sagte, wie er es ruchlos fänd',
Daß man die künftige Leiche schänd'!
Schauert in Ehrfurcht, wenn ihr ihn seht,
Wenn er schäkernd beim Mädchen steht,
Gönnt ihm die Weiber, gönnt ihm den Sekt,
Morgen wird er dahingestreckt.
Ach, wie ist er so larmoyant,
Herrn von Einem sein Leutenant,
Der im Frieden vom Krieg klimbimt
Und den Lorbeer auf Vorschuß nimmt!

FORBACH

Ein Gerichtssaal an der Grenze.
Zeugen, Richter, Angeklagter,
Lauter deutsche Offiziere.
Ei, da gibt es was zu hören!
Skandalös und nervenkitzelnd,
Sehr pikant in Einzelheiten
Und pikant durch das Milieu.
Ist es nicht wie ein Kapitel
Aus Sedan und Jena? Szenen
Ähnlich wie im Rosenmontag?
Und mit Gruseln sieht der Leser
Auf die Sünder, die in blauen
Passepoilierten Hosen stecken.
Seine Seele überläuft ein
Gänsehäutchen, seine Seele,
Die sich niemals rührt bei eignen
Heitern *sexualibus.*
Unerhörte Dinge kommen
An das Tageslicht. Es sträuben
Sich die Haare deutscher Bürger
Und die Federn der Reporter.
Doch es hilft nichts. Widerwillig
Aber pflichtgemäß beschreiben
Unsre wackern Journalisten
Die entweihten Ehebetten
Mit Details. Und jede Zeile
Wird auch pflichtgemäß verschlungen.
Und so manches wohl erzogne
Junge Mädchen sieht bestätigt,
Was man sonst geheim erzählte
Von den ach! entzückend schlimmen
Leutnants, die mit vorgedrückten

Knieen tanzen. Doch die reifern
Frauen unsrer deutschen Heimat
Zählen sehr chokiert die vielen
Wohlgelungnen Ehebrüche.
Anderseits sind sie befriedigt,
Weil die Zeitung sehr an Inhalt,
Lesenswertem Stoff gewonnen.
Welch ein himmlisches Vergnügen,
Morgens bei der Kaffeeschale
Erst das Hemd der Polengräfin
Öffentlich beschrieben sehen,
Sehen, wie ein Pair von Preußen
Ohne Scheu, mit allen Mitteln
Um das liebe Geld sich balgt,
Wie die Hüter guter Sitten,
Die berufenen Vertreter,
Eine Frau mit Fragen quälen,
Die man im Bordell verbietet.
Und dazu, wie schön ergänzend,
Die Moral der Offiziere!
Vielen Dank den Journalisten,
Die uns trefflich unterhalten.
Auch das Ausland darf sich laben.
Sechs französische Reporter
Schmieren sich die Finger schwärzlich,
Um es nach Paris zu melden,
Daß die jungen deutschen Leute
Ohne priesterlichen Segen
Und auch manchmal gegen diesen
Die verbotnen Früchte naschen,
Welche Frankreichs Grenadiere
Selbstverständlich ängstlich meiden.
Ja, es scheint, wir Deutschen werden
Sodomiter, und man könnte

Diese Fälle tief bedauern,
Wenn sie nicht in letzter Reihe
Wiederum ihr Gutes hätten,
Uns so hübsch zu unterhalten!

REICHSRAT FREIHERR VON SODEN

Der Herr von Soden ist bayrischer Pair;
Er ist aus der Gegend von Ingolstadt her.
Papa und Groß- und Urgroßpapa,
Die waren alle von jeher da.

Die sämtlichen Ahnen sind in dem Nest
Als die Herren von Soden bekannt gewest.
Sonst hat man nichts von keinem gewißt,
Als daß er Freiherr von Soden ist.

Sie kümmerten sich um die Ökonomie,
Und Rosse, Kälber, Ochsen und Küh',
Sie waren fromm, und sie lebten recht,
War einer tot, kam das nächste Geschlecht.

Und starb der Papa, so kriegte der Sohn
Die Reichsratswürde der bayrischen Kron',
Dazu das Schloß und die Ökonomie,
Die Rösser, Kälber und sonstiges Vieh.

Bis jetzt war alles so nett und gut.
Da kam ein Soden auf einmal in Wut
Und rückte über die Freiheit her
In seiner Stellung als bayrischer Pair.

Ja lieber, guter, ja Herr Baron!
Was merken denn eigentlich Sie davon?
Wenn wirklich die Presse noch Freiheit hat,
Sie spüren's ja doch nicht – bei Ingolstadt!

FESTSTIMMUNG

Zum Vaterland die heiße Liebe
Ist eine Blume, die ersprießt
Am besten, wenn man ihre Triebe
Mit gutem Wein und Sekt begießt.

Bei Majestät an hoher Tafel,
Beim Liebesmahl im Regiment,
Und überall, wo noch der Schwafel
Zu lichterloher Flamme brennt.

Es läßt sich wirklich nicht verneinen,
Die dürrste Seele kommt in Schwung,
Und jeder fühlt in seinen Beinen
Ein Zittern der Begeisterung.

Sie schlagen trotzig an die Schwerter,
Dem Mute wird ein Ziel gesteckt.
Bei manchem wird der Stuhlgang härter.
Bei manchem weicher durch den Sekt.

UMSCHWUNG

Von dem preußischen Fuhrwesen
Hat man jüngst sehr viel gelesen.
Doch das meiste galt dabei
Nur als eine Schweinerei.

Oben war man sehr verdrießlich.
Und mit Recht; die Sünden schließlich
Hätten nicht so viel geniert.
Aber daß es ruchbar wird!

Forbach ist jetzt ausgestorben.
Mancher hat sich dort verdorben,
Kriegte über Nacht die Gicht
Und verspürt es selber nicht.

Tief versteckte Hämerrhiden
Schaffen schnelle Invaliden.
Ungeahnt und sehr bestürzt
Wird die Dienstzeit abgekürzt.

Jetzt sieht man mit Regenschirmen
Die Vertreter deutscher Firmen,
Die mit Helm und Federbüsch'
Mieden unsern Bürgertisch.

Und man liest jetzt viele Karten:
»Nächst beehrt sich aufzuwarten
Für Zigarren, Wein und Tee
Lehmann, Offizier a. D.«

NEUJAHRS-AUSZEICHNUNGEN

So floß nun wieder reicher Segen
Von dem erhabnen Throne aus;
Er kam Beamten hier entgegen
Und schmückte dort ein Bürgerhaus.

Wohl abgestuft und abgemessen
Ward jeder seines Lohnes froh,
Der Gnadenstrahl hat nichts vergessen
Und schien ins kleinste Schreibbureau.

Wer immer hielt der Treue Banner,
Der kriegt den Michel eins bis vier,
Vom Hofrat bis zum Büchsenspanner,
Und vom Minister zum Hatschier.

Den Hoch' und Niedern, Reich' und Armen
Vergalt man hier die Pietät;
Sie wohnt in reitenden Schandarmen
Und schmücket auch Regierungsrät'.

Ob wer im Schloß den Ofen heizte,
Ob wer als Richter Urteil fand,
Wer niemals seinen Fürsten reizte,
Der schmückt sein Loch mit einem Band.

So freuet euch, ihr Wohlgesinntern!
Ein jeder gilt als Paladin;
In Treue welkten eure Hintern,
In Treue fahrt ihr einst dahin.

EHRENJUNGFRAUEN

Hundert Ehrenjungfern stehen
Vor dem Fürsten, scheuen Blicks,
Und geschämig wiederholend
Einen mädchenhaften Knix.

Hundert Mädchenbusen zittern
Hochgewölbt und straff gespannt,
Hundert Mädchenherzen schlagen
Von Gefühlen übermannt.

Und es reißt den edlen Fürsten
Dieser schöne Anblick fort.
Landesväterlich und milde
Spricht er jetzt ein gutes Wort:

»Vorerst seid ihr ja noch Mädchens;
Ändert sich mal was daran,
Kriegt mir recht gesunde Bengels,
Die der Staat verwenden kann.

Ja, ich hoffe von euch allen,
Daß ihr euch verständig zeigt
In der Wahl der Klapperstörche;
Tut ihr's, bleib ich wohl geneigt.«

Hundert Mädchenherzen schlagen,
Hundert Busen wölben sich,
Liebe zu dem Landesvater
Füllet alle innerlich.

Alle folgen den Befehlen,
Die der Herrscher ihnen gibt,
Denn die zugedachte Handlung
Ist ja ohnedies beliebt.

BEDENKEN

Selber liebe ich den Sport,
Doch die Frage quält mich immer:
Ist er passend, schickt er sich
Für ein junges Frauenzimmer?

Früher war es allgemein
Und mit Heftigkeit bestritten;
Man verlangte sehr bestimmt
Züchtigkeit und milde Sitten.

Erstens war man überzeugt,
Daß es selten Gutes brächte,
Wenn ein Mädchen viel verkehrt
Mit dem anderen Geschlechte.

Außerdem und nebenbei
Ist es ja dem Sporte eigen,
In des Spieles wilder Lust
Manches unverhüllt zu zeigen.

Es verschiebt sich oft ein Rock,
Oder fliegt vom Wind gehoben,
Und man sieht das Wadenbein
Weiter unten oder oben.

Und ein Jüngling, der es sieht,
Faßt verwerfliche Gedanken;
Ja, er übersteigt sofort
Innerlich der Sitte Schranken.

Sei es, daß es ihm gelingt,
Oder nicht, man soll bedenken:
Besser ist es, nicht den Blick
Und den Wunsch darauf zu lenken.

Andrerseits ist wiederum
Dieses eine zu bemerken:
Daß die Mädchen durch den Sport
Ihre Wadenbeine stärken.

Freilich blieb es außer Acht,
Gält es nur, der Lust zu fröhnen,
Doch die Rassenbildung will,
Daß wir uns damit versöhnen!

Und ich sage ohne Scheu,
Müßt' ich selber mich vermählen,
Würd' ich pflanzungsvorbedacht
Eine gut gebeinte wählen.

TRÜBE CHRISTEN

Die Tempel, welche Gott bewohnt,
Woselbst der Allerhöchste thront,
Entstehen meist, man weiß ja wie –
Vermittelst einer Lotterie.

Ob ihm das viele Freude macht?
Hab' ich schon oft bei mir gedacht.
Er schätzt doch, wie ein braver Christ,
Was ehrlicher erworben ist.

Allein ich seh' in Preußen jetzt,
Was mich noch mehr in Staunen setzt.
Dort nahm dem Kirchenbau zulieb
Die Mittel man von einem Dieb.

Man baute dort – und ward nicht rot –
Für unsern Herrn Gott Zebaoth,
Den Schöpfer dieser ganzen Welt,
Die Häuser mit gestohlnem Geld.

Der Hochaltar, das Kirchenschiff
Entstammen einem Kassengriff.
Der hohe Turm, vom Wind umbraust,
Und auch die Glocken sind gemaust.

Ach ja, das ist wohl wunderbar,
Ach ja, ich werde mir nicht klar,
Der liebe Gott geht ein und aus
In einem sonderbaren Haus.

AN DIE SITTLICHKEITSKONFERENZ
ZU MAGDEBURG

Seh' ich euch wieder, hochehrwürd'ge Herren,
Nachdem für euch mich etwas einzusperren
In herber Strenge suchten fromme Schwaben?
– Bis jetzt nur »suchten«, weil sie mich nicht haben.

So hat nun Gott der Herr mich heimgesuchet,
Ganz offenbarlich, weil ihr mich verfluchet.
Er wußte wohl, und war's nur, um euch Biedern
Die vielen Dienste freundlich zu erwidern.

Halläh und Lujah! singt jetzt, frohe Sieger!
Und Bäh! und Muh! geliebte Kinderkrieger!
Auch eure Frauen singen um die Wette,
Das heißt: die paar, die nicht im Wochenbette.

Ich ehre sie, seitdem Herr Bohn beschrieben,
Wie zärtlich sie in stiller Kammer lieben,
Und wie ihn selbst so oft die Mannheit zierte.
Das heißt: Wenn Bohn nicht etwa renommierte.

Und nun verleih' der Herr euch allen Stärke!
Den Nutzen seh' ich nicht von eurem Werke.
Ihr könnt euch jedes Jahr aufs neu' versammeln,
Die Menschen lieben, und die Hasen rammeln,

Und auch ihr Frommen – – ja, was wollt' ich sagen? –
Ihr solltet euch nicht allzusehr beklagen,
Halläh! und Lujah! Bäh! und Muh! Die Kälber,
Sie kommen auf die Welt nicht ganz von selber.

SOMMERMORGENSTIMMUNG

Ja, wie ist man froher Laune
Wenn man seine Zeitung liest
Morgens hinterm Gartenzaune
Und dazu Kaffee genießt!

Frauchen, gib mir doch die Butter!
– Was heut in der Zeitung steht? –
Hm –, daß Preußens Landesmutter
Fleißig in die Kirche geht.

O ja, ja! Das ist ersprießlich,
Wenn sich Majestät bemüht,
Muß der liebe Gott doch schließlich – –
Ist der Kaffee aufgebrüht?

Halt! Da steht was fett Gedrücktes!
– Sultan – Bombenattentat –
Leider aber ein mißglücktes,
Weil es fehlgeschossen hat.

Schade! Bei der Morgentasse
Lieb' ich's, wenn das Haar sich sträubt,
Wenn ein Fürst vom Menschenhasse
In der blauen Luft zerstäubt.

Prickelnd faßt es meine Nerven,
Wenn ein Fürst in Trümmer geht.
Na, wer weiß? Die Türken werfen
Wieder mal auf Majestät.

RUSSLAND – JAPAN

Muß ich als Deutscher Stellung fassen
Zu diesem Krieg? Er läßt mich kühl.
Ich kann nicht lieben, kann nicht hassen,
Es schweigt mein hohes Pflichtgefühl.

Wär' ich genauer unterrichtet,
Wohin man in Berlin sich neigt,
So wäre dieser Streit geschlichtet
Und mir der rechte Weg gezeigt.

Ich bin auch durchaus nicht imstande,
Mir klar zu werden, wie es geht,
Und welchem p. p. Vaterlande
Der liebe Gott zur Seite steht.

Er muß sich wohl sehr bald entschließen,
Wen er zu Sieg und Ehre führt,
Und wer in diesem Blutvergießen
Sein hohes Walten dankbar spürt.

So seh' ich aus der Perspektive
Die Sache an mit Wissensdurst.
Für einen geht es sicher schiefe,
Für wen, ist mir vors erste wurst.

AN DIE ERGRIMMTEN

Ehrwürdige Pastores, Leisetreter,
Ihr süßen Flötenbläser, Vorzugsbeter,
Das Zuckerbrötchen eurer Frömmigkeit
Schmeckt plötzlich bitter, wie mit Salz bestreut.

Ihr zärtlich zugedrehten Kirchensäulchen,
Die Lispeltöne eurer spitzen Mäulchen,
Sie gellen schrill und sind des Schmelzes bar,
Es sträubt sich euer glattgekämmtes Haar.

Die Bäffchen unterm Doppelkinne beben,
Was konnt' euch also aus dem Gleichmaß heben?
Das Auge flammt, das sonsten im Gebet
Sich himmelan bis zu den Wolken dreht.

Spornt euch der Herr zu dieser grimmen Fehde
Wie einstens Moses, Sohn der Jochebede,
Weil ihr das goldne Kalb in Tempeln schaut,
Die man dem rechten Gott mit Diebsgeld baut?

O nein, zur selben Zeit war't ihr so stille!
Ihr dachtet wohl, es sei des Höchsten Wille
Von dem, wie alles, so auch dieses kam,
Was man den Witwen und den Waisen nahm?

Die Hand, an der gestohlnes Geld noch klebte
Es war dieselbe, die entrüstet bebte,
Als ihr erklärte, daß zum Himmel schreit
Der arge Mangel deutscher Sittlichkeit.

DER 10. JAHRGANG DES SIMPLIZISSIMUS

Liebes Publikum,

Zehn Jahre sind gewiß kein hohes,
Kein Alter nicht für mich und Sie.
Doch ist's nicht wenig für ein rohes
Und schwer geprüftes Hundevieh.

Drum kommt nur her zum Gratulieren!
Es bildet ja kein Hindernis,
Es wird euch alle nicht schenieren,
Daß euch das Luder öfter biß??

Geehrtes Fräulein, Ihre Gaben
Erfreuen das gemeine Biest,
Sollt' er Sie mal beleidigt haben,
So hoff' ich, daß Sie's nicht verdrießt.

Herr Staatsanwalt?! Sie sind ein Schmeichler!
Wenn nur kein Arg dahinter steckt!
Sie wünschen doch, Sie kleiner Heuchler,
Daß unser Hundchen bald verreckt?!

Na ja, nun schweigen Sie mal stille!
Von Anstand hat es keine Spur.
Gewiß! Doch ist es Gottes Wille,
Er schuf auch diese Kreatur.

Herr Pfarrer auch? Und – Still gestanden!
Jetzt präsentiert mir das Gewehr!
Daß Hoheit uns für würdig fanden,
Ist wirklich unverdiente Ehr'.

Ach, daß kein Groll uns länger trenne,
Gelobt' ich gerne frommen Geist,
Doch wie ich dieses Hundsvieh kenne,
Hilft alles nichts. Das Luder beißt.

TUNIS

Eseltreiber, Wasserträger,
Arme Teufel, Fremdenjäger,
Dieses bunte Allerlei
Drängt sich hastig durch die Gassen;
Heute will sich sehen lassen
Allahs hoher Sohn, der Bey.

Bey heißt hier der Landesvater.
Ihn zu sehn ist ein Theater,
Und beim Volke sehr beliebt.
Bei Arabern und bei Türken
Kann ein Herrscher prächtig wirken,
Wenn man ihm die Mittel gibt.

Ha! Jetzt kommt die Staatskarosse,
Drinnen sitzt der Göttersprosse.
Voll von Orden ist die Brust.
Goldne Troddeln, Silbertressen,
Und das Volk schaut selbstvergessen,
Schaut dies alles an mit Lust.

Tschindara – Trompeten schmettern,
Säbel blitzen, Buben klettern
Auf die Bäume ringsumher.
Trommelwirbel, Hörnertuten,
Und in zwei bis drei Minuten
Ist's vorbei. Man sieht nichts mehr.

Alles drängt und läuft nach Hause
Zu dem karg bemeßnen Schmause
Hoch befriedigt und geehrt.
Goldne Tressen, Silberquasten, –
Soll das Volk nicht gerne fasten,
Dem man solch ein Bild gewährt?

Eine wohlgepflegte Truppe?
Eine ausstaffierte Puppe,
Die mit Orden blinkt und gleißt?
Lächelnd sieht's der Europäer,
Ihm steht ja sein Herrscher näher
Durch Verstand und hohen Geist.

ASSESSORCHEN

Ein Bezirksamtsassessorchen, nicht wahr?
Schreibt mit krummen Fingern das ganze Jahr;
Sein Horizöntchen – na ja, ihr wißt,
Wie ein Assessorhorizöntchen ist.
Zuerst der Komment, dann Examennot,
Dann die Sorge um das tägliche Brot,
Die eigene Meinung bänglich versteckt
Und immer korrekt – und immer korrekt.
Ein bißchen Angst und ein bißchen Schiß
Vor jedem Karrierehindernis.
Sich kümmerlich kümmern den ganzen Tag,
Ob der Vorgesetzte ihn leiden mag,
Und ob er ihn endlich qualifiziert,
Daß Assessorchen ein Amtmännchen wird!
Da habt ihr das ganze Konglomerat,
Da habt ihr so ziemlich den ganzen Salat
Gemischten Inhalts im kleinen Gehirn
Hinter der hohen Assessorstirn.
Doch wenn ihr glaubt, so ein Herrchen wird
Nur für den spätern Dienst präpariert
Und hat ein Ämtchen von kleinem Gewicht,

Ihr Herren, da irrt ihr, so ist es nicht.
Trotz Horizöntchen – ei hört doch nur!
Assessorchen hat die Pressezensur!
Beschnüffelt, verbietet und konfisziert,
Bestimmt höchstselbst, was gelesen wird,
Bewacht als ein treuer Gewissensrat
Gesellschaft, Kirche und unsern Staat.
Ja, ja, ihr Leute! Und wenn euch bangt,
Daß sein Gehirnchen dafür nicht langt,
So sollt ihr denken: »Dem Vaterland
Ist wenig geholfen mit viel Verstand,
Gesinnungstüchtig, so voll und ganz,
Ist immer nur eines – die Ignoranz.«

ENTWICKLUNG

Laßt uns einmal mit Ernst erwägen,
Wie hoch der Adler aufwärts flog,
Wie deutsche Kunst nach deutschen Schlägen
Das deutsche Volk sich neu erzog!

Laßt uns den deutschen Geist beschreiben:
Bei Sedan ward er eingeweiht,
Nach Sedan kamen Butzenscheiben,
Die Renässanks, die Biederkeit.

Das deutsche Haus ward eine Bühne,
Mit vaterländ'schem Sinn erbaut.
Der Ehemann fühlt sich als Hüne
Und seine Frau als Edeltraut.

Dann kam die Zeit der Attitüden,
Das Heldentum im Massenstil.
Der deutsche Geist trieb schöne Blüten,
Und Monumente gab es viel.

Der Adler ist wohl hoch geflogen,
Und unser Volk hat deutsche Kunst
In einem deutschen Sinn erzogen.
Zurzeit wird Heidelberg verhunzt.

GEWOHNHEIT

Als Kain den Abel umgebracht,
Zum Himmel dampft das Blut.
Es ward ein starker Lärm gemacht,
Und Gott geriet in Wut.

Die Engel wurden watschelnaß,
So haben sie geflennt.
Und Gott hat Kain im grimmen Haß
Ein Zeichen aufgebrennt.

Dann jagte man den Frevler fort;
Fluch folgte ihm und Hohn.
Man sieht, der erste Brudermord
Erregte Sensation.

Doch man gewöhnt sich ja zuletzt
Auch an ein solches Ding;
Worüber man sich erst entsetzt,
Schätzt später man gering.

Man hat hernach im großen Stil
Die Menschen umgebracht.
Ein Tausend um das andre fiel.
Das wird noch heut' gemacht.

Jedoch von oben hört man nichts,
Und keine Stimme tönt,
Die Stimme, die einst angesichts
Des ersten Mords gedröhnt.

Im Gegenteil, der Priester fleht
Und bittet Gott um Sieg,
Wenn es zum großen Morden geht.
Und h e i l i g heißt der Krieg.

BÜLOW

Geht wirklich Bernhard mit dem Scheitel
Und der gepappten Haarfrisur?
Ist all und jede Größe eitel?
Schlägt jedem seine Totenuhr?

Sind die Erfolge ganz vergessen,
Die Herr von Bülow uns gebracht?
Soupers und Frühstücks, Mittagessen?
Kurz alles, was er mitgemacht?

Er war doch stets in seiner Meinung
So biegsam, wie das Binsenrohr!
Jetzt ist er chronische Erscheinung
Und geht! Mir kommt es seltsam vor.

Ich las die Nachricht beim Salvator
Und dachte mir sogleich dazu:
Wo sucht der Bismarck-Imitator
Sein grollbeladnes Friedrichsruh?

LIPPE

Es stand zwar lange auf der Kippe,
Doch Biesterfeld hat nun gesiegt.
Man sagt sich heut' in Schaumburg-Lippe:
Au, Backe! Du hast nischt gekriegt.

So ist nun dieser Streit entschieden,
Den mancher unerquicklich fand.
In Detmold hält man endlich Frieden
Und weiter nördlich seinen Rand.

Man kann es wirklich nur begrüßen,
Auch wenn es einem wurschtig blieb,
Der Zeitungsleser mußt' es büßen,
Was man darüber alles schrieb.

Die Biesterfeld- und Schaumburg-Lippe,
Es wurde nach und nach zu viel,
Man hört auf jede Fürstensippe,
Doch hält man gerne Maß und Ziel.

»VATERLANDSLOSE GESELLEN«

Hebt wieder einer gegen euch die Hand,
Und spricht, ihr Armen habt kein Vaterland,
So steht doch auf und fragt ihn einmal frei,
Was unser Deutschland für den Reichen sei!

Ist es das Land, das er mit Arbeit schmückt,
Des Ehre ihn erfreut, des Leid ihn drückt?
Ist es das Land, das er im Herzen liebt,
Für das er duldet und für das er gibt?

Ist es die Heimat, seines Volkes Herd?
Das Land der Brüder, die er treulich ehrt?
Ja steh' doch einer auf und frag' ihn frei,
Ob so dem Reichen unser Deutschland sei!

Und nicht das Land, in dem er Schätze rafft?
Und nicht das Volk, das mühsam für ihn schafft?
Nicht deutsch, nicht Heimat, nur ein Fetzen Welt,
So feil, wie alles, um sein schnödes Geld!

AN DAS VOLK

Was willst du redlich sein? Mit treuer Hand
Die Deinen nähren und das Vaterland
Mit Arbeit schmücken für und für?
Der große Krieg steht vor der Tür.

Noch gestern war es nichts; nur über Nacht
Hat dich der Sturmwind um dein Glück gebracht.
Er kam – was kümmert's dich, woher –
Geh fort! Man ruft dich ins Gewehr.

Geh aus der Werkstatt du, geh du vom Pflug!
Für dich, du Tier, zu wissen ist's genug,
Der große Krieg kam übers Meer,
Gib du dein Glück, dein Leben her!

RUSSLAND UND PREUSSEN
Im Moritatenstil

Wenn in Berlin der gute Friedrich Willem
Nach 48 an dem Fenster stand
Und sah nach Osten, seufzte er im stillem
Und sagte leise: Ja, dort liegt ein Land,
Dort liegt ein Land, viel schöner noch als Preußen,
Dort kann man wirklich noch Monarche heißen.

So stand er täglich sehnend in Gedanken,
Bis daß er schwach in seinem Kopfe wurd'
Und einrangierte bei den Geisteskranken;
's war 57, nach des Herrn Geburt.
Lebt' er noch heute – frag' ich mich im stillem,
Was sagte wohl mei' guter Friedrich Willem?

Jetzt bricht die Freiheit dort durch alle Schleusen,
Und Rußlands Krone scheint mir ziemlich mies,
Hingegen strahlt sie heller jetzt in Preußen;
Dies Land wird jetzt das Fürstenparadies.
Das hätte noch mei' guter Friedrich Willem
Erleben sollen – sag' ich mir im stillem.

EXZELLENZ RUHSTRAT!

Ich gratuliere, Herr – nicht zum Prozesse
In Sachen Meier Meineid Bückeburg,
Denn wenn ich jed' und alles wohl ermesse,
Fiel Exzellenz ein bißchen unten durch.

Ich gratuliere Ihnen – nicht zum Schweine,
Dass Sie beim Kartenspiele nie erschöpft,
Wenn Sie den Untergebnen im Vereine
Die sämtlichen Gehälter abgeknöpft.

Auch die Ergebenheit, die bei Gerichte
In Oldenburg für Sie zutage kam,
Ist es nicht wert, daß ich sie hier bedichte,
Weil sie doch wirklich niemand wundernahm.

Nein, nur zu einem kann man gratulieren,
Zur Achtung, die Ihr Fürst vor Ihnen hegt,
Denn sie ist einzig – und nicht zu verlieren;
Wir andern haben sie längst abgelegt.

DIE FEINE FAMILIE

Papa ist geheimer Kommerzienrat,
Mit vielen Orden für das, was er hat.

Mama trägt ein Diamantenkollür,
Um den Fetthals zwei Meter Perlenschnür.

Die Tochter hat jetzt schon ein Doppelkinn,
Ist nebenbei Wagnerianerin.

Der Sohn war bei den Deutzer Kürassür,
Und kommt sich drum als der Vornehmste für.

Zum Glück hat die Bande ziemlich viel Geld,
Sonst wär's für sie eine traurige Welt.

Hätt' 's Vermögen nicht für alle gekleckt,
Dann wären sie in drei Tagen verreckt,

Weil keines zur Arbeit die Hände hätt';
Sie rühren sie nur am Wasserklosett.

PLEHWES TOD

Ohne Ahnung, nichts bedenkend
Fuhr von Plehwe durch die Stadt,
Seinen Weg zum Bahnhof lenkend,
Dacht' er nicht ans Attentat.

Dacht' er nicht an Attentäter,
Oder achtete sie kaum;
Plötzlich flog er durch den Äther
In den weiten Himmelsraum.

Piff und paff! Die Bombe knallte.
Plehwe, hörst du noch den Schuß,
Der dir manchen Frevel zahlte,
Kündend deinen Lebensschluß?

Plehwe, als dein schwarzes Herze
Pulverschwarz nach oben fuhr,
Merktest du mit großem Schmerze
Deines Volkes Racheschwur?

Hörtest du die Armen klagen,
Denen du ein Henker warst,
Als so plötzlich unterm Wagen
Jene Bombe tödlich barst?

Dieser Schuß war unversöhnlich
Und vom Rachegeist durchtränkt,
Und er hat deshalb persönlich
Seine Majestät gekränkt.

DAS SÜSSE GEHEIMNIS

Das kleine Frauchen wurde rot,
Als es zum Kuß die Lippen bot.
Erst ward es rosa, purpurn dann
Und küßte leis den Ehemann.

»Was hat sie nur, die kleine Maus?«
»Ach je! Wie sieht das Kind nur aus?«
»Und sag' mir doch!« – »Ich sag' es dir,
Bück dich ein bißchen nur zu mir!«

»Ich hab', ich bin, ei Gott! und ach!«
Und so versteht er allgemach;
Die Rede endet, wie sie muß,
In einem langen, langen Kuß.

So spricht man vom erhofften Ziel
Im einfach bürgerlichen Stil.
Merkt die Prinzessin irgend was,
So hat die ganze Welt den Spaß.

Sechs Monat' vor der Niederkunft
Brüllt fröhlich die Reporterzunft:
»Wo Feuer ist, kommt bald der Rauch,
Die Hoheit hat 'nen dicken Bauch!«

ZWANGLOS

Die Schillerfeier ignorierten
Höchst Ihre Majestät, obgleichen
Sie andre Feste häufig zierten
Durch des Besuches Gnadenzeichen.

Der Deutsche fragt mit wunder Seele,
Warum? Warum in diesen Tagen
Die schönste Zier dem Feste fehle?
Was heißt das? hört man viele fragen.

Ihr braucht das Maul nicht aufzusperren.
Die Sache ist zwar ungewöhnlich,
Doch gebt mir zu, verehrte Herren,
Geschmack ist einmal ganz persönlich.

Nicht allen leuchten gleiche Sterne,
Das Schillerfest ist u n s geglückt,
Und Majestät hat für Jules Verne
Sein Wohlgefallen ausgedrückt.

GERECHTE STRAFE

Hierzulande war ein Gymnasiste,
Welcher sich mit Namen Hans behieß,
Und bewirkt', daß man aus Bildungskreisen
Ihn zum Bürgerstand hinunterstieß.

Denn an einem Mittwoch Nachmittage
Schlich er sich in einem Restorang,
Wo er eine rote Mütz' aufsetzte
Und von seiner Burschenfreiheit sang.

Dieses hörte jählings ein Professor,
In der Köchin ihrem Schlafgemach.
Hier vernahm er das Verbindungswesen
Und er ging dem Sachverhalte nach.

Leider fand man eine Kneipenzeitung,
Die den Jugendfreund empören muß,
Denn es zeigten sich die Gymnasisten
Ganz vertraut schon in Geschlechtibus.

Der Herr Rektor hat am Leib geschlottert,
Als er las so deutlich und verrucht,
Was er selbst in seinen jungen Jahren
Nur in aller Heimlichkeit gesucht.

Und er ging mit tief empörten Schritten,
Zum Minister, der es staunend las,
Und bei dem moralischen Entsetzen,
Was er selbst getrieben, ganz vergaß.

Aus der Schule wurde Hans verwiesen,
Weil man ihn hierfür zu schlecht befand,
Und er mußte wegen Sittenroheit
Ohne weiteres in den Kaufmannstand.

DAS FREISINGER RHINOZEROS

In Freising fand man dieser Tage
Ein Vorsintflutrhinozeros.
Im stillen ringt sich manche Frage
Aus zweifelvoller Seele los.

Es ist ja schön, daß man's gefunden;
Jedoch – warum gerade hier,
In diesem Ort der Andachtsstunden?
Was wollte nur das gute Tier?

Was tat der alte Knochenriese
In unsrer frömmsten Zentrumsstadt?
Wußt' er im voraus schon, daß diese
Noch heute seinesgleichen hat?

Und konserviert er sich im Eise
Im vorgefühlten Heimatsdrang
Zu Herrn von Dallers Wirkungskreise?
War's freier Wille oder Zwang?

Ist typisch dieser Fund zu nennen?
Ist er *Characteristicum*?
Man muß nur Freising näher kennen,
Dann sagt man »ja« und weiß, warum.

HERBSTSTIMMUNG

Es wird schon recht bedenklich kühle,
Und schwächlich sind die Sonnenstrahlen,
Die zitternd auf dem Bürgersteige
Fast buttergelbe Kringel malen.

Das Laub wird täglich gelb und gelber;
Allmählich fällt es von den Bäumen,
Und jeder, der nur halb gebildet,
Muß Angesichtes dessen träumen.

Das Alter naht im raschen Laufe,
Und alles Sträuben ist vergebens;
Die Haare bleichen und verschwinden.
So ist Natur ein Bild des Lebens.

Ja, ja, es füllen sich die Herzen
Mit sonderbarer Todesahnung.
Und was wir in den Straßen sehen,
Ist auch nur eine leise Mahnung.

Die Witwen kommen von den Gräbern,
Die sie mit aller Liebe schmückten,
Man sieht die Spuren ihrer Tränen,
Die sie im schönen Aug' zerdrückten.

Man fühlt beim Anblick solcher Szenen
Den ganzen Frost der Lebenslage,
Und die verhängnisvolle Kürze
Der uns beschiednen Erdentage.

DAS JESUKIND

Mütterchen spricht:
»Als die Hirten am Felde waren,
Schien vom Himmel ein helles Licht,
Und sie sahen der Engel Scharen.

Aber im Stall'
War derweil das Wunder geschehen,
Und es kamen von überall
Viele Leute, das Kind zu sehen.

Aber wie arm
Lag das Kindlein auf Stroh gebettet!
Lag das Kindlein, – daß Gott erbarm! –
Welches später die Welt gerettet.«

»Mütterchen sag',
Lag es denn nicht in einer Wiegen?
Mußte es an dem kalten Tag
Bis vom Himmel herunterfliegen?«

»Freilich, mein Kind,
Nackend, wie es die Hirten fanden.
Und ein Ochs und ein Es'lein sind
In dem Stalle dabei gestanden.«

Rührung ergreift,
Atemlose, die Kinderherzen.
Eine Ahnung hat sie gestreift
Von der Armut bitteren Schmerzen.

Aber Papa
War kein Freund von den alten Mären,
Denn er glaubte, sie seien da
Für die niederen Gesellschaftssphären.

»Höret doch nur«,
Sprach er zu den weinenden Knaben,
»Bei der dortigen Temperatur
Kann das Kind nicht gefroren haben.«

DEM ANDENKEN SCHILLERS

Sie preisen dich heute in hohen Sälen
Und mehren den Ruhm dir mit gnädigem Sinn,
Und weil sie zu ihren Freunden dich zählen,
Sie meinen, es sei dir ein großer Gewinn.

Du wirst der klingenden Worte nicht achten
Und schreitest am lärmenden Haufen vorbei,
Magst sinnend die deutsche Heimat betrachten,
Sie schmückte sich lieblich im wonnigen Mai.

Da liegen rings die gesegneten Auen
Und Hügel und Täler im Frühlingsgewand,
Du kannst mit fröhlichem Herzen sie schauen.
Es hegt dich in Liebe das Vaterland.

Denn weil es Treue bei dir hat gefunden,
Bereitet das Volk dir am Herde den Platz
Und hütet, wie heute, zu allen Stunden
Die Worte des Dichters als köstlichen Schatz.

HEIMKEHR

So viele Meilen trennten mich von Rom,
Wo ich vor Junos hohem Bilde stand,
Doch immer folgte mir ihr weiter Blick,
Er folgt' mir über Berg und See und Land.

Nicht Mond und Sonne gaben mir am Weg,
Nicht Mond und Sonne mir so lichten Schein.
An hellen Tagen sah ich noch ihr Bild,
Durch dunkle Nächte leuchtete der Stein.

Doch an der Grenze schwand sie meinem Blick;
Die Göttin scheuchte mir ein wüster Spuk.
Hier stand – die Glieder jämmerlich verrenkt –
Ein blutbeschmierter heil'ger Nepomuk.

WARNUNG

Die Welt will euch so schön bedünken
Weil euch die junge Freiheit lacht;
Ihr wollt in ihrem Schoß versinken.
So hab' ich auch einmal gedacht.

Den Weg, den ihr im Jugendprangen
Mit freudevollem Herzen zieht;
Auch ich bin ihn einmal gegangen,
Obschon ich besser ihn vermied.

Die Blumen, die am Rande blühten,
Ich hab' nach ihnen mich gebückt,
Und – davor möcht' ich euch behüten –
Ich habe manche mir gepflückt.

Ich könnt' euch gute Warnung geben,
Jedoch ich weiß, ihr hört mich nicht,
Man kennt die Rosen, wie das Leben,
Nur, wenn man sich an ihnen sticht.

AUF HÖHEN

Und ich fragte meinen Lehrer,
Wo der liebe Herrgott wohnt.
»Ei, im blauen Himmel oben,
Wo er mit den Englein thront.«

Und die grauen Felsenberge
Ragen doch so hoch empor!
Sieht man von dem steilen Gipfel
In das offne Himmelstor?

Sieht man auch die Engelsscharen?
Hat der Himmel dort ein Loch?
»Ja, natürlich«, sprach der Lehrer,
»Warte, du begreifst es noch.«

Nein, ich hab' es nie begriffen,
Als ich dann nach manchem Jahr
Oft und oft und immer wieder
Auf den Bergesgipfeln war.

Hoch zu Häupten, fest verschlossen
Wölbte sich das Himmelszelt,
Und ich sah nur kleiner werden
Unter mir die Erdenwelt.

HEILIGE NACHT

So ward der Herr Jesus geboren
Im Stall bei der kalten Nacht.
Die Armen, die haben gefroren,
Den Reichen war's warm gemacht.

Sein Vater ist Schreiner gewesen,
Die Mutter war eine Magd.
Sie haben kein Geld nicht besessen,
Sie haben sich wohl geplagt.

Kein Wirt hat ins Haus sie genommen;
Sie waren von Herzen froh,
Daß sie noch in Stall sind gekommen.
Sie legten das Kind auf Stroh.

Die Engel, die haben gesungen,
Daß wohl ein Wunder geschehn.
Da kamen die Hirten gesprungen
Und haben es angesehn.

Die Hirten, die will es erbarmen,
Wie elend das Kindlein sei.
Es ist eine G'schicht' für die Armen,
Kein Reicher war nicht dabei.

ANBETUNG DER HIRTEN

Um Bethlehem ging ein kalter Wind,
Im Stall war das arme Christuskind.
Es lag auf zwei Büschel Grummetheu,
Ein Ochs und ein Esel standen dabei.

Die Hirten haben es schon gewißt,
Daß selbiges Kindlein der Heiland ist.
Denn auf dem Felde und bei der Nacht
Hat's ihnen ein Engel zugebracht.

Sie haben gebetet und sich gefreut,
Und einer sagte: Ihr lieben Leut',
Ich glaub's wohl, daß er bei Armen steht,
Schon weil's ihm selber so schlecht ergeht.

AVE MARIA

Es ist schon Feierabend gewest;
Der heilige Joseph hobelt noch fest.
Er machte wohl eine Liegerstätt'
Für einen Reichen zu Nazareth.

Die Jungfrau Maria hat noch genäht;
Zur Arbeit war es ihr nicht zu spät.
Sie fädelte wieder die Nadel ein,
Die Arbeit muß morgen schon fertig sein.

Er hobelt weiter, sie näht das Kleid,
Die Stube lag bald in Dunkelheit.
Da öffnet ein Engel des Herrn die Tür.
Und sagte: »Maria, der Herr ist mit dir.

Ich trag' eine frohe Botschaft heut,
Unter den Weibern du bist benedeit,
Ja deiner wartet das schönste Los,
Du trägst Herrn Jesum in deinem Schoß.«

Jetzt ist der Engel wiederum fort.
Maria hörte das fröhliche Wort
Und lachte glücklich in sich hinein.
Da würde sie nun bald Mutter sein.

Sie hat sich aber gleich aufgerafft
Und hat gar fleißig weiter geschafft.
Der Joseph hobelt an seinem Bett
Für einen Reichen zu Nazareth.

DER VESUV

Der Vesuv, indem er speit, mit nichten
Darf man gegen ihn die Klage richten,
Insofern ja die Besonderheit
Darin liegt, daß er mitunter speit.

Halten Sie den Vorwurf für ersprießlich?
Wenn man schon Vulkan ist, muß man schließlich,
Und man regnet Asche oder speit,
Ob die Menschheit auch betroffen schreit.

Aber dieses scheint gesagt zu werden
Doch am Platze: Wenn sich auf der Erden
So was zubegibt, wie der Vesuv,
Trifft der Tadel den, der ihn erschuf.

Und man fragt mit Recht den Himmelvater,
Ob es schön ist, wenn sich aus dem Krater
So viel Unglück auf die Täler stürzt,
Manchem auch die Lebenszeit verkürzt.

Weiter frägt der sonst im Glauben Schwache:
Fällt noch überhaupt kein Spatz vom Dache?
Oder hatte dieser Bibelsatz
Geltung nur für einen frühern Spatz?

Diese – sagen wir – Unstimmigkeiten
Können böse Zweifel uns bereiten.
War es zu verhindern, dächte man,
Warum speit dann der Vesuvvulkan?

Mir natürlich scheint noch viel verdächtig;
Der Vesuv ist lang schon niederträchtig.
Damals schien es eine Götterschar
Bei Pompeji, die so freundlich war.

Damals bat der Mensch im Aschenregen
Jupiter um den besondern Segen.
Heute bittet man Gott Zebaoth
Um die Rettung aus der bittern Not.

Also sieht man, daß die Glauben wechseln
An die Götter, die das Unheil drechseln.
Der Vesuv jedoch bleibt auf dem Platz,
Und vom Dache fällt noch mancher Spatz.

REITERLIED

Hast du wohl eine, hast du noch keine?
Ist dir ein Mädchen gut, du Reitersmann?
Und ist dein Herz von hartem Marmelsteine,
Das keine Liebe nicht bewegen kann?

Ich hab' wohl eine, ich hab' wohl keine,
Mein Schätzchen wohnet ach so weit von hier,
Sie ist gar hold, sie gleichet dir, du Feine,
Sie ist das schöne Abbild wohl von dir.

Und gleicht sie mir, so magst du mir erschließen,
Du stolzer Reiter, deinen Herzensschrein,
In meinen Armen wirst du nichts vermissen,
In meinen Armen wirst du glücklich sein.

IM QUARTIER

Der Tag ist wohl entschwunden,
Da hat mein Herz gefunden
Ein schönes Nachtquartier.
Muß nicht alleine ruhen,
Wie es die andern tuen,
Soldat und Offizier.

Die Liebe soll es lohnen,
Daß wir beisammen wohnen,
Im stillen Kämmerlein.
Da wirst du gut erkennen,
Wie unsre Herzen brennen
Und voller Freuden sein.

Ja, reich mir deine Hände,
Das Glück hat bald ein Ende,
Die schönsten Stunden fliehn.
Wenn sie Reveille blasen,
Muß ich dich wieder lassen
Und meiner Wege ziehn.

SOLDATENLIED

Auf Posten stand wohl ein junges Blut,
Dem war die allerschönste Frau Gräfin gut.
»Ich liege im seidenen Bette allein,
Ach liebster Soldat, du sollst bei mir sein!«

»Frau Gräfin, du sitzest auf hohem Thron,
Du tragst wohl eine güldene Kron',
Bei dir zu sein, das getrau' ich nicht,
In deine Kammer, da geh' ich nicht.«

»In meine Kammer, da darfst du gehn,
Keine goldene Krone, die wirst du nicht sehn,
Ich zog wohl ab meine Strümpf' und Schuh',
Die goldene Krone, die legt' ich dazu.«

»Frau Gräfin, du prangest im Purpurgewand
Den Gürtel schmücket ein schöner Demant.
Bei dir zu sein, das getrau' ich nicht,
In deine Kammer, da geh' ich nicht.«

»O daß mich der Liebste nicht hören mag!
Den Purpur trag' ich am hellen Tag,
Zu Nächten schmückt mich kein Edelgestein,
Du jung junger Schatz, komm wohl herein!«

LEICHTE WAHL

Jetzt sollst du mir wohl raten,
Wo nimm meinen Schatz ich her?
Es gibt so viel Soldaten,
Die Wahl macht mir Beschwer.

Ich möcht' ja einen blauen,
Einen blitzblauen Infantrist.
Und darf ich ihm vertrauen,
Daß er mir zärtlich ist?

Die Infantrie mußt nehmen,
Wo's keine andern hat,
Du brauchst dich nicht zu schämen,
Er ist ja auch Soldat.

Liegt Hartollerie im Städtchen
Und gar die Kawallrie,
Was gibt es für ein Mädchen
Denn Schönres noch als sie?

Hulanen, schwere Reiter
Und grüne Schwalanscher!
Und fragst du mich noch weiter?
Macht dir die Wahl Beschwer?

DER HANDWERKSBURSCHE

In Frankreich drinnen, da hab' ich gesehen
Viel schöne Mädchen am Wege stehen.
Gefielen mir alle über die Maßen,
Mußt' aber weiter auf meiner Straßen.
Um Gotteslohn sie wollen nicht lieben,
Sonst wär' ich gern bei einer geblieben.
Dann bin ich in Arabien gewesen,
Da hab' ich Wunder davon gelesen,
Die Weibsen hätten so heißes Blut.
Ich meinte gleich, es ginge mir gut,
Und habe ein feuriges Mädchen gegrüßt.
Ich hab' aber wieder fort gemüßt.
Will sich hier einer mit Lust ergehen,
Muß er sich auch mit Geld versehen.
Es ist einmal auf der Welt so üblich,
Dann werden die Weibsen gar hold und lieblich,
Schwarze, braune und gelbige,
Es ist überallen dasselbige.

GOTTESGERICHT

Ein Enterich hat jüngst im Freien
Der Liebe ohne Scheu gefrönt.
Natürlich waren sie zu zweien,
Und was sie taten, ist verpönt.

Er hatte das Rezept gefunden
zu jenem alten Wonnespiel,
Wobei er oben und sie unten,
Ins Auge des Betrachters fiel.

Ha! Wie ihm alle Sinne schwinden,
Da schien es manchem offenbar,
Daß jedes ethische Empfinden,
In diesem Tier erloschen war.

Ein solches Beispiel öffentlicher
Verdorbenheit kommt selten vor.
Doch Gottes Mühlen mahlen sicher,
Hier war es ein Benzinmotor.

Das Rad zerquetscht sie in der Rinne
Und preßt den Enterich auf sie,
Es war wohl in gewissem Sinne
Auch eine Schicksalsironie.

MORITATEN

Wahrheitsgetreu berichtet
von
Ludwig Thoma

Albert Langen
Verlag für Litteratur und Kunst
München 1908

EIN NEUER HOHENZOLLERNPRINZ!!
EIN PRINZ!! EIN PRINZ!!
Freudiges Ereignis, allerehrfurchtsvollst dargestellt und
submissest unterbreitet

Freudenschwanger hängt die Wolke
Über allem Preußenvolke,
Jeder Gute hofft und bangt,
Daß ein Prinzlein angelangt.

Von dem Tage der Vermählung
Und bis jetzt ergibt die Zählung,
Daß der Zeitpunkt eigentlich
Allbereits und schon verstrich.

Pastor Demmel, den man fragte,
War's, der patriotisch sagte:
»Seiner Zeit und immer war
Pünktlich unser Zollernaar.«

Und er fügte bei: »Indessen
Darf man niemals nicht vergessen,
Daß der Herr auch dieses lenkt,
Manchmal anders, wie man's denkt.

Unerforschlich ist sein Walten,
Denn er kann das Kind gestalten
Männlich, weil wir im Gebet
Ihn um dieses angefleht.

Wenn's auch gegenteilig wäre,
Ihm sei Lob und Preis und Ehre!
Immer kommt es, wie es muß.
Hosianna! Amen! Schluß!«

Schon bedeutend objektiver
Sprach Professor Doktor Kiefer:
»Neunmal dreißig Tage sind
Das Normale für ein Kind.

Doch bei Fürsten wie bei Bauern
Kann es manchmal länger dauern;
Machen wir daraus kein Hehl,
Öfter schlägt es gänzlich fehl.

Kurz, man kann nichts überstürzen,
Nichts verlängern, nichts verkürzen;
Neunmal dreißig ist als Zahl
Nur die Regel und normal.

Kommt ein Kind, dann unausbleiblich
Ist es männlich oder weiblich,
Welches aber von den zwein,
Weiß der Arzt erst hinterdrein.«

Wissenschaft und frommes Hoffen
Ließen so die Frage offen,
Die bei Hof und auch im Land
Viele auf die Folter spannt.

Niemand hat so schwer empfunden
Die erwartungsvollen Stunden,
Wie der Hohenzollernaar,
Weil er hauptbeteiligt war.

Spähend muß er sitzen bleiben,
Daß sich ihm die Federn sträuben,
Während er sich Zweifel macht,
Ob es hunderteinmal kracht.

Mancherlei Prophetenzeugnis
Hört man über das Ereignis,
Meistens günstig; unterweil
Sprach man auch das Gegenteil.

Eine gute Frauenseele
Namens Probst in Hundekehle,
War noch im besondern klug,
Auch indem sie Karten schlug.

Bei der Nacht, wo sie erwachte
Und an ihren König dachte,
Sah sie deutlich überm Bett
Etwas, was die Mannsform hätt'.

Als sie's näher wollt' erkunden,
War es plötzlich weg verschwunden,
Und da ward ihr offenbar,
Daß es bloß ein Zeichen war.

Auch bei Kulickes in Zossen
Legt ein Huhn ganz unverdrossen
Jedesmal ein männlich Ei,
Daß es drin ein Gockel sei.

Während dieser Wartepoche
Hat Herr Goldstein für die Woche
Den Artikel reserviert,
Falls das Kind ein Knäblich wird.

Er beschrieb mit Dichtergabe,
Welche Freude alles habe
Von der Hütte bis zum Thron.
Dann beschrieb er auch den Sohn.

Dann beschrieb er auch mit Rührung
Gottes gnadenreiche Führung.
Und dann legt er mit Geduld
Den Artikel in das Pult.

Als es immer länger währte
Und die Ungeduld sich mehrte,
Kam der Aar zum Storch heran,
Und er haucht ihn grimmig an.

Ob er weiß, um was sich's handelt,
Daß er so gemächlich wandelt?
Ob es nicht für Majestät
Ganz bedeutend fixer geht?

Fischt vielleicht man in den Binsen
Nur so nebenbei die Prinzen?
Ob man nicht die Ehre kennt?
Himmel Herrgottsakrament!

Als der Storch es ganz vernommen,
Ist er zornig heimgekommen,
Und er sprach mit voller Kraft:
»Dieser Aar ist lümmelhaft.«

»Ja, gewiß, er ist ein Flegel«,
Sagt Frau Störchin, »in der Regel
Kommt das bei den Großen vor,
Du mußt klug sein, Adebor!

Du bist fein, und deinesgleichen
Kann mit Grobheit nichts erreichen,
Denn er gibt's zurück mit Zins.
Bring ihm doch den Zollernprinz!«

Und so kam's. Nach wenig Tagen
Hat die Weihestund' geschlagen,
In dem Hohenzollernschloß
Gab es einen Kaisersproß.

Was die Witwe Probst gesehen,
Ist in Wirklichkeit geschehen,
Und Herr Pastor Demmel sprach:
»Das Gebet hilft allgemach.«

Und in Preußen herrschte Wonne,
Und die Wolke wich der Sonne,
Und Herrn Kulicke sein Ei
Hatte recht auch nebenbei.

Und auch Goldstein freut's erheblich:
Was er über diesen Knäblich
Ahnungsvoll der Woche schickt,
Ward bezahlt und fett gedrückt.

Und die alten Generäle
Schlürften in die Königssäle,
Und sie flüstern sich ins Ohr:
»Hohenzollernblut hält vor.

Det jibt wieder en Soldaten
Jut gebaut und wohl jeraten,
Immer stramm und immer stramm;
's is en janz famoser Stamm.

Tja, da kann woll jar nischt gegen;
Immer fix mit Kindersegen!
Heirat und gleich schwuppdi bum! – –
– Pst! Man dreht sich nach uns um.«

Auch zwei alte Kammerchaisen,
Sind voll Wonnigkeit gewesen,
Und sie pispern hinterrücks
Über diesen Fall des Glücks.

»Hah, *mon Dieu*! Und so was Rundes,
Dickes, Fettes und Gesundes!
Teure Gräfin, sehn Sie dies?
Wie entzückend! Hoh! Wie süß?«

»Hat es schon?« – »Gewiß, Komtesse!
In dem Bettchen war noch Nässe.«
»Teure Gräfin sahen dies?«
»Nu, natürlich!« – »Hoh, wie süß!«

Preußens ganze Königstreue
Zeigte heute sich aufs neue,
Sie erschien im Volksgedräng
Und im Frack und Eskarpäng.

Unter ihrem Schiffhut schworen
Altgediente Direktoren,
Daß sie auch dem neuen Kind
Fürchterlich ergeben sind.

Richter, Schreiber, Staatsanwälte
Legen ab die Herzenskälte,
Öffnen ihre enge Brust
Froher Untertanenlust.

Und in manchem Sekretäre
Lag die Ahnung heut, er wäre
Zu Verschiedenem imstand
Für sein teures Vaterland.

Auch in den Kasernen waren
Aufgestellt Rekrutenscharen,
Heute wurde nicht geschimpft,
Sondern Treue eingeimpft.

Daß der Tag auch den Soldaten
Heilig bleibe, gab es Braten.
Feiernd seinen Herrscherstamm
Ißt ein jeder hundert Gramm.

Kurz und gut, im Lande Preußen
Wollt' ein jeder sich befleißen,
Daß der Tag auch feierlich
Und mit Würdigkeit verstrich.

Doch wie waren die Gefühle
Weiter südlich? Ziemlich kühle.
Oben höflich aber flau,
Unten ganz beträchtlich mau.

Der Fassadenmaurer Huber
Stand an seinem Mörtelzuber;
Als man ihm die Nachricht bracht,
Hat er sich nichts draus gemacht.

Holt seine Tabakflasche
Aus der linken Westentasche,
Sagt: »Was? A Preuß? A Prinz?
Ja, was kümmert denn dös ins?

Dös bekümmert ins ganz wenig;
Der werd halt amal a König
Bei die Preußen. Net bei ins.
So? Da ham s' an neuen Prinz?«

DIE GRÄFIN VON MONTIGNOSO
oder Liebeslust und -leid in Florenz

Nicht allein in Bürgerschichten
Stoßt man gegen Ehepflichten,
Auch im Adel lebt der Fluch,
Wollust, Schand' und Ehebruch.

Ja sogar in Königsschlössern
Gäb' es manches zu verbessern,
Nicht in allem ist man dort
Beispiel oder Tugendhort.

So ist jetzund auch in Dresden
Ein Ereignis jüngst gewesden,
Daß so mancher Bürgersmann
Sich was denkt als Untertan.

Längst zuvor geschahen Zeichen
Ahnungsdüster sondergleichen,
Daß sich d' Mägd' am Brunnenrohr
Flüsterten das Ding ins Ohr.

Nächtens bei der Witwe Grimme,
Hob der Hahn die Klagestimme,
Weil sich eine Henn' vertan
Mit des Nachbars Gockelhahn.

Tschuckkes Katze hat geboren
Einen Hund mit weißen Ohren.
Einen Kuckuck hat man g'sehn
Auf dem Schloßplatz frei umgehn.

Solche und viel andre Zeichen
Deutet jeder auf dergleichen,
Was, wenn heimlich es passiert,
Viel zu spät erst ruchbar wird.

Eines Tags beim Mittagessen
Heißt's: Lawise, die Prinzessen
Is verduft von Elbflorenz!
Dunnerwetzchen! Schwenzelenz!

Aber ach! begangne Taten
Kann kein Mensch nicht widerraten,
Ob 's Geschehnis gut, ob schlimm,
Jedenfalls liegt's hinter ihm.

Zukunft kann man wohl erleuchten,
Doch Vergangnes nur befeuchten
Mit der Träne mildem Tau
Rückwärts aus der Vogelschau.

Und so ging es der Prinzessen.
Tugend, die sie einst besessen,
War ein leerer Wahnbegriff,
Als der Zug zur Abfahrt pfiff.

Soll ich jetzt ihr Glück beschreiben?
Und ihr neues Liebestreiben,
Wie bei ihr ohn' Unterlaß
Der verbotne Amor saß?

Nein, zu anderem Bedarfe
Stimm' ich meine Dichterharfe,
Und ich singe, wie man jetzt
Neulings ihr hat zugesetzt.

Nach den Ehescheidfatalien
Lebt' Luise in Italien,
Ferne von dem Königsschloß,
Wahrscheinds ohne Bettgenoß.

In der Stadt am Arnobecken
Kann sie ihren Sinn erwecken
Für der Künste schönen Ruhm,
Aufgestellt im Museum.

Staunend hat sie hier bewundert,
Was nach mannigem Jahrhundert
Heut noch hat den vollen Reiz
Und im Bädecker zwei Kreuz'.

Und sie hat den Dienst der Musen,
Aufgepflanzt in ihrem Busen,
Daß sie ganz mit Namen kennt
Ölgemäld' und Monument.

Doch der Kreislauf ihrer Stunden
War nicht frei und ungebunden,
Denn ihr Leben ist bewacht
Jede Stund' bei Tag und Nacht.

Fräulein Muth, ein Sachsenmädchen,
Spinnt geheim die zarten Fädchen,
Lauernd, wie die Spinne webt,
Wenn sie nach der Fliege strebt.

In dem Auftrag der Regierung
Meldet sie die Lebensführung
Ihrer Herrin, die ihr traut
Und auf ihre Treue baut.

Lautlos schlürft sie durch die Zimmer,
Geht auf Filzpantoffeln immer,
Horcht und lauscht und guckt und spitzt,
Wo ein Spalt die Türe ritzt.

Endlich taucht am Horizonte
Eine Wolke auf; der Conte
Quitschardini macht Visit.
Vielleicht fängt mersch dadermit?

Wie der Jagdhund einen Hasen
Sucht am Boden mit der Nasen,
Sucht sie jetzt mit viel Geschick
Nach verbotnem Liebesglück.

Und nach vier verlornen Wochen
Hat sie schnüffelnd was gerochen,
Was zwar noch nicht voll beweist,
Aber doch Indizjum heißt.

In der Nacht schrieb sie nach Dresden:
»Gestern, Mittwoch ist's gewesden,
In der Nacht um halber vier
Stand ich noch an ihrer Tür'.

Wie ich so ganz still verharrte,
Warsch mir, als wie wenn was knarrte.
Warsch die Türe? Warsch ein Brett?
Oder warsch ihr Federbett?

Weiter gonnt ich nischt bemerken,
Doch genügt's, bei mir zu stärken
Meinen schlummernden Verdacht
Über eine Liebesnacht.

In der Früh um halber Zehne
War se endlich auf die Beene,
Und ich bin dann unverwandt
In ihr Schlafgemach gerannt.

's Bett war ziemlich umgeknuddelt
Und die Kissen war'n verbuddelt,
Aber unterm Bette war
Mir das Ganze offenbar.

Denn der Topp, der unten stande,
War ganz voll bis an dem Rande,
Ganz bis zu dem obern Strich.
Eens alleen? Das glow' ich nicht!«

Kaum war dieser Brief in Dresden,
Ist voll Spannung man gewesden.
Und der schlauste Sachse macht
Auf den Weg sich bei der Nacht.

Körner hieß der fein Gewitzte,
Der den D-Zug schnell benützte.
Nicht der Körner Theodor,
Der kommt Anno 13 vor.

Theodor war Freiheitssänger,
Dieser ein Luisenfänger,
Jetzt sind beide gleich geehrt,
Weil sie Sachsens Ruhm vermehrt.

Den Generalmarsch ließ er schlagen,
Und es gleich dem Konsul sagen,
Daß Schandarm und Militär
Kommen als ein Bundesheer.

Reiter kamen mit den Lanzen
Als des Körners Ordonnanzen.
Und er schickt' sie auf und ab,
Daß das Pflaster Funken gab.

Wie der Löwe auf die Ziege,
Wie der Laubfrosch auf die Fliege,
Sprang jetzt, Wut im Busenschoß,
Körner auf Luise los.

»Nu wie warsch?« So ruft er schrille,
»Härnse mal und seinse schtille!
Reizen Sie nich meinen Grimm
Leichnen macht de Sache schlimm!

Sie sind iwwerfiehrt fürs Erschte,
Zweetens gibt es keene Werschte.
Drittens is Ihr Ruf im Land
Ganz bedeitend angebrannt.

Viertens wird ihr 's Gind genommen.
Tu Sie nur nich zärtlich gommen,
Solche Mätzchen gennt mer ja,
Her die Pia Moniga!«

Luise weint, und die Schandarmen
Zeigen im Gesicht Erbarmen,
Körner spricht: »Was is dabei?
Ich bin eegal geenigsdrei.

Meinem Sachsengeenigschtamme
Lodert die Begeistrungsflamme,
Weiß und grien ist das Banier,
Für den Geenig schteh ich hier.

An der eisernen Dewise
Riddelt keine Heullowise,
Un mein Herz bleibt unbewegt,
Sie is eegal abgesägt.

Vorwärts marsch! fällt 's Bajonnette!
Und mir nach ins Gabinette!
Folgt mir ohne Menschenscheu,
Sachsen is das Feldgeschrei.«

Fräulein Muth – darum zu loben –
Hat den Nachttopf aufgehoben,
Und der ganze Inhalt lag
Drin noch wie am ersten Tag.

Körner sah die Flüssigkeiten,
Die ihm viele Sorg' bereiten.
Gänzlich warsch ihm doch nicht klar,
Ob's von Quitschardinin war.

Ließ sie dann auf Flaschen ziehen,
Denn er dachte, mit Bemühen
Bringt die Leibzger Faguldeed
Schon heraus die Qualideed.

Mit den abgezognen Flaschen
In des Frackes hintern Taschen
Zog er ab. Dem Fräulein Muth
Ging es leider nicht so gut.

Denn ein Hausknecht roher Weise
Schmiß sie raus, daß sie im Kreise
Einen Wirbel hat vollführt
Und am Hintern Schmerzen spürt.

Und jetzt schließ' ich. Was noch ferner
Sich begibt, das weiß der Körner,
Und die Leibzger Faguldeed,
Wo des Topfes Inhalt steht.

DIE PRINZESSIN LUISE VON KOBURG
oder ihre schrecklichen Erlebnisse und Flucht aus dem Irrenhause

Die, von der ich singen möchte,
Ist aus Leopolds Geschlechte,
Der in Belgien regiert
Und schon ziemlich älter wird.

Doch er kann die Vaterpflichten
Nicht so gänzlich frei verrichten,
Denn sein Zärtlichkeitsgefühl
Ist meist anderwärts im Spiel.

Darum wollt' er, daß Luise
Sich recht bald vermählen ließe:
Kleine Kinder sehen doch
Manches durch ein Schlüsselloch.

Also wurde die Prinzessen
Einem Manne zugemessen,
Seiden war ihr bräutlich Hemd,
Doch die Liebe blieb ihr fremd.

Meist hat sie umsonst geschmachtet
Und ihr Bett als leer betrachtet,
Weil der Amor selten kam.
Prinz von Koburg war sein Nam'.

Urteilt selbst nun als Gerechte,
Ob man dies ertragen möchte!
Warum ist man angefreit?
Warum schläft man denn zu zweit?

Wer verurteilt nun Luise?
Denkt nicht jede, so wie diese?
Frauenherzen und -geschlecht,
Haben sie nicht auch ein Recht?

Oh! die kalten Federkissen
Haben viel auf dem Gewissen!
Manchen tränenvollen Fluch
Und zuletzt den Ehebruch.

Aber wenn in Fürstenkreisen
Hymens zarte Band entgleisen,
Will es die diskrete Scheu,
Daß es möglichst heimlich sei.

Denn es darf im niedern Volke
Niemand sehn die finstre Wolke,
Die den Fürstenspiegel trübt.
So was ist sehr unbeliebt.

Dieser Mangel an Verhehlung
War Luisens Grundverfehlung,
Und der Prinz von Koburg sprach:
»Jetzt gereicht es mir zur Schmach.«

Er beriet mit Leopolde,
Was er nun beginnen sollte,
Dessen Vaterherz zerriß
Aus Moral und Kümmernis.

Endlich war ein Rat gefunden;
Man beschloß sie einzuspunden,
Und es wurde kurz erklärt,
Daß Luisens Geist gestört.

Man versucht die Schuld zu werfen
Auf verwirrte Geistesnerven,
Hoffend, daß die Wissenschaft
Es bezeugt durch ihre Kraft.

Wünscht der König dies als Vater,
Find' sich leicht ein Psychiater,
Der ein ärztlich Zeugnis gibt,
Wie man hohen Orts beliebt.

Doch in österreichschen Landen
Hat sich keiner unterstanden,
Daß er medizinisch macht
Die prinzeßlich' Geistesnacht.

Den Franzosen ist es peinlich,
England ist dafür zu reinlich;
Leopold, ich sag dir frei,
Wo die Sache möglich sei.

Solche gute Ärzte wachsen
Bloß im Königreiche Sachsen,
Nimm Luise, gib sie hin
An die sächsisch' Medizin!

Und er hat sie hingegeben.
Arme Frau, das wird ein Leben!
Bei der Nacht schleppt man sie fort;
Coswig heißt der schöne Ort.

Hinter hohen Zuchthausmauern
Soll sie bis zum Tode trauern,
Bis sie Gott einst mild gestimmt
Vom Geheimrat Pierson nimmt.

Es soll ihr beschieden werden
Das Verruchteste auf Erden
Für ein menschliches Gemüt:
Daß sie lauter Sachsen sieht.

Fünfzig scharfe Metzgerhunde
Machen um das Haus die Runde,
Wärter, Knechte und Schandarm
Warten bloß auf den Alarm.

Um mit Hunden sie zu hetzen,
Sollt' sie sich in Freiheit setzen;
Denn die sächsisch' Menschenbrust
Hat an so was ihre Lust.

Arme Frau, mit wildem Jammer
Blickst du aus der Irrenkammer,
Doch in jedem Angesicht
Siehst du bloß die Henkerpflicht.

Eine sächsische Mathilde
Darf durch deines Arztes Milde
Täglich um und bei dir sein.
Lieber wärst du wohl allein?

Deine alten Liebesfreuden
Wird sie innerlich beneiden,
Ob sie schon auf Tugend pocht,
Die ihr keiner nehmen mocht'.

Falsch wie nur ein frommes Mädchen,
Spinnt sie ihr geheimes Fädchen,
Schnüffelt, riecht und spioniert,
Ob sie nicht was inne wird.

Hart und bibelfest und gläubig,
Ausgedörrt und jungfernleibig,
Wird sie innerlich erquickt,
Wenn sie dich im Leid erblickt.

Hüte dich, zu widersprechen!
Man hat Mittel, dich zu brechen,
Jeder Wille wird gekuscht,
Wenn man ihn mit Wasser duscht.

So ist manches Jahr verronnen,
Der Geheimrat war gesonnen,
Daß sie niemals scheiden soll,
Denn er fühlt dabei sich wohl.

Wenn 's Semester war verwichen,
Hat er 's Gelde eingestrichen,
Und er schrieb dann hochbeglückt:
»Hoheit, sie is noch verrückt.«

Eine große Freude hatte
Der Papa und auch der Gatte
Wegen Luischens Unterkunft
Bei der sächsisch Ärztezunft.

Doch kein Glück ist ganz vollkommen.
Pierson hat das Huhn genommen,
Das er sorgsam hat gehegt,
Weil's die goldnen Eier legt.

Mit dem ganzen Zuchthaus reiste
Er nach Elster. Aber dreiste
Menschen haben dies gehört
Und den Käfig ausgeleert.

Piersons Schwägerin hat nämlich
Den Wettiner Hof. Bequemlich
Geht man dort sonst ein und aus.
Jetzt war's ein Gefangnenhaus.

Im Hotele vorn und hinten
Mit geladnen Pulverflinten
Wartet Tag und Nacht egal
Piersons Wächterpersonal.

Nebenan schlief gleich Mathilde,
Die der Argwohn schon erfüllte,
Unterm Kissen hat sie wohl
Ein geladenes Pistol.

Auch Frau Pierson war gerüstet;
Daß man sie nicht überlistet,
Trug sie unter ihrem Rock
Einen langen Degenstock.

Der Geheimrat hat ein Viertel-
Dutzend Messer in den Gürtel,
Hausknecht, Kellner, Pikkolos,
Jeder trug den Dolch im Schoß.

Wie im Harem der Eunuche,
Muß beim ersten Fluchtversuche
Jeder seine Waffe ziehn.
Luise, kannste noch entfliehn?

Dennoch wurde sie gestohlen,
Unverschämt und ganz verhohlen,
Unter Piersons Nase weg
Trotz Pistol und Degenstöck'.

Mattasitsch war der Betreiber,
Weizer hieß der kühne Räuber;
Dieser hat sie bei der Nacht
Durch sein Zimmer weggebracht.

Hussa! Fort ging es mit Sausen!
Hört ihr den Motor nicht brausen?
Weizer sagte fürchterlich:
»Pierson, du kannst uns und mich …«

Als man morgens hat gelüftet,
War Luise schon verdüftet,
Ach herrje, herjemerschne!
Ach, Herrn Piersons Portemonnaie!

Die Mathilde fiel in Krämpfe,
Pierson hatte Seelenkämpfe,
Und die gute Schwägerin
Sagte: »Mein Profit ist hin.«

Polizei muß recherchieren,
Suchen, jagen, galoppieren,
Hunde werden losgehetzt,
Auf die frische Fährt gesetzt.

Staubbedeckt mit wildem Rasen
Stürmt ganz Sachsen auf die Straßen,
Glocken läuten den Alarm,
Jeder Mensch ist ein Schandarm,

Aber leider ganz vergebens.
Luischen freut sich ihres Lebens;
Ganz Europa lacht entzückt:
»Pierson, is se noch verrückt?«

DAS GROSSE MALÖHR
im Juni 1903

Ich muß jetzt mit Schmerz berichten
Von den jüngsten Wahlgeschichten,
Wo das ganze Resultat,
Jeden sehr verwundert hat.

In den bessern Bürgerklassen
Konnten es nicht alle fassen,
Und besorgten Angesichts
Sagte die Regierung nichts.

Auch in einer Residenzen
Hat der Zorn schier keine Grenzen,
Weil man es bevor der Wahl
Gänzlich anderst anbefahl.

Dieses will ich jetzt besingen
Und es auch ins reine bringen,
Wie es und woher es kam,
Daß es so ein Ende nahm.

Längst zuvor geschahen Zeichen,
Ahnungsdüster sondergleichen;
Denn ein Mann fand kupferrot
Einen Wammesknopf im Brot.

In der Industriestadt Essen
Wurde so ein Text gelesen
Und geredet fürchterlich,
Daß es uns ganz kalt beschlich.

Und in Dresden hat man g'sehen
Eine weiße Frau umgehen,
Die im Schloß zum Zimmer lief,
Wo der Sprachenlehrer schlief.

Und man hörte in den Tagen
Viele hohe Katzen klagen,
Und so manche kriegt ein Kind,
Wo man keinen Vater find't.

Auch ein ältres Frauenwesen
Ist darin ganz frei gewesen,
Brannt mit einem Grafen durch,
D' Herzogin von Mecklenburg.

Hier und an verschiednen Orten
Ist es kündbar uns geworden,
Wie das Unglück düster schleicht
Und ein Fürstenhaus erreicht.

Ganz besonders dieser Summer
Schafft den Herrschern starken Kummer;
Zwei hat man jetzt umgebracht
Mit Revolvern bei der Nacht.

In dem fernen Belgrad drunten
Ward das Königspaar gefunden
Tot – in einer Nagelkist',
Wo es schnell verstorben ist.

Solche und viel' andre Omen
Deuteten, was würde kommen,
Daß der Aufruhr, wie man sieht,
Überall ist aufgeblüht.

Durch den starken Bürgerzoren
Ward ein seltsam Tier geboren,
Das der Sozialismus heißt
Und erschrecklich um sich beißt.

Ja, es ging ganz sonderbarig,
Viele Deutsche wurden haarig,
Und sie gingen voller Zurn
Ohne Scheu zur Wahlesurn.

Keinem König, keinem Prinzen
Zahlet es der Ehrfurcht Zinsen,
Und bei seinem Freiheitsdurst
Ist ihm d' Religion ganz wurst.

Mit den höchsten Donnerwettern
Wollte man es schon zerschmettern
Durch ein fürstliches Gebot,
Aber es ist noch nicht tot.

Nein, es ist sogar gewachsen!
Und in Preußen und in Sachsen
Ist der sechzehnt' Junius
Für d' Regierung ein Verdruß.

Und jetzt bin ich hingekommen,
Wie ich es mir vorgenommen,
Daß ich singe von dem Tag,
Den kein Guter leiden mag.

In der Fruh hat es begonnen,
Jeder hat sich drauf besonnen,
Daß er heute wohl verricht
Seine erste Bürgerpflicht.

Und in allen Stadtquartieren
Sah man viele Leut' marschieren,
Mit dem festen Bürgerschritt
Und dem Schmeerbauch in der Mitt.

Obenan die Hausbesitzer,
Welche man als Staatsbeschützer
Und als besser's Element,
Überall in Deutschland kennt.

Staatsbeamte, Volkserzieher,
Renten- und Gehaltsbezieher,
Lieferant, Kommerzienrat
Und die Leut vom Magistrat.

Abgesägte Pensionisten,
Die ihr Leben lange fristen,
Gehen heute gleichfalls mit,
Meistens in Cylinderhüt.

Feuerwehr und Veteranen,
Lauter gute Untertanen,
Liberalen Sinn im Herz,
Hämorrhiden hinterwärts.

Und jetzt kommen andre Geister,
Metzger, Bäcker, Drechslermeister,
Für die Religion entbrannt
Und das deutsche Vaterland.

Pfarrer, Meßner, Bortenmacher,
Und die Fortschrittswidersacher,
Denen bei der Frömmigkeit
Ihr Vermögen gut gedeiht.

Alle, die sich fest verbünden,
Daß sie jenseits g'wißlich finden
Eine offne Himmelstür,
Diesseits aber recht viel Bier.

Lauter gute Katholiken,
Die im eignen Fett ersticken,
Bis ein sanfter Schlagefluß
Endet dieser Welt Genuß.

Diese braven Bürgerschichten
Mußten jetzt die Wahl verrichten,
Wie's ein jeder nützlich glaubt.
Für den Staat und Oberhaupt.

Aber man gewahrt beklommen
Andre, die dahinter kommen,
Und die nicht so ehrbar sind,
Wie die reichen Bürgerskind.

Tischler-, Schmied- und Schlosserg'sellen,
Die den Umsturz haben wöllen,
Auch der Buchdruck ist dabei
Und die löblich Schneiderei.

Aus Fabriken ganze Haufen
Kommen jetzt daher gelaufen,
Und so mancher Postbedienst
Denkt nicht an den Staatsgewinst.

Alle, die in Arbeit stehen,
Wollen wüst und boshaft gehen
Gegen d'Obrigkeit, obschon
Mit dem besten Tagelohn.

Und sie haben unbedächtig
G'meinde-, gott- und staatsverächtig
Ohne Ehrfurcht und Respekt
In die Urn' den Zettel g'steckt.

Abend sieb'n Uhr ward geschlossen
Und die Zeit vorbeigeflossen,
Wo man seine Stimm abgibt
Und das Bürgerrecht verübt.

Aber als man alles zählte
Und betrachtet', was man wählte,
Da war jeder Wahlvorstand
Völlig außer Rand und Band.

Die es mit dem Throne halten,
Legten ihre Stirn in Falten,
Haben mit den Zähnen knirscht;
Was sagt wohl der Landesfürscht?!!

Telegramme sind geflogen,
Daß sich gleich die Stangen bogen,
Durch den Telephon hamm's brüllt
Und die Schweinerei enthüllt.

Radler sausten durch die Straßen
Um die Ecken, in die Gassen,
Ganz verschwitzt und ganz erhitzt,
Daß bloß so der Dreck wegspritzt.

Hiobsposten, Trauerkunden,
Schwollen an von Stund zu Stunden,
Jede neue Nachricht war
Ohne Trost und sonderbar.

Für Berlin, dem Kaiserorte,
Fehlen überhaupts die Worte!!
Aber dieser Wilden Hohn
Kennt kein Ansehn der Person!!

Und in hellem Zorn aufbrausend
Las man: Dreiundsechzigtausend
Sind es mehr schon vorderhand
G'sellen ohne Vaterland!

Müssen sich die Leut nicht schämen,
Die sich undankbar benehmen,
Wo man so viel Geld ausgibt
Und ist trotzdem unbeliebt?

Sachsen!?! Hier muß ich verschnaufen
Und mir einen Liter kaufen,
Sonst wird mir auf einmal schwül!
Nein!! Das war schon wirklich z' viel!!

Wie mit einem Pulverblitze
Flogen auf gleich achtzehn Sitze!
Da geht ja der Staat entzwei,
Und das ist nicht einerlei.

Noch dazu muß man bedenken
Und sehr wohl Beachtung schenken,
Daß das bloß die Hälfte ist,
Weil der sächsisch Sozialist

Großenteils im Zuchthaus schmachtet.
Denn ein scharfer Richter trachtet
Daß die Volksverhetzung brummt
Und in einem Loch verstummt.

Trotz dem Zuchthausfrequentieren
Konnte diese Wahl passieren,
Die sich zu dem Schmachrumor
Gegen unsern Staat verschwor!

Ist denn das noch ein intakter
Oder schöner Volkscharakter?
Nein, das ist ein gift'ger Wurm,
Und sein Name: der heißt Sturm!

Habt ihr Sachsen ganz vergessen,
Auf die gute Kronprinzessen,
Die so menschenfrei und nett
Stieg zu ihrem Volk ins Bett?

Dresden, Leipzig, laßt euch warnen
Vor des Satans list'gen Garnen!
Blendungen von Lebensglück
Brechen euch noch das Genick.

Doch wir wollen weiter gehen,
Aber, oh! wohin wir sehen,
Hamburg, Mainz und Karelsruh,
Überall gehts grauslich zu.

Selbsten auch am Isarstrande
Nimmt der Zeitgeist über Hande.
Wo die Weißwurscht sonst regiert,
Ward ein Freiheitshauch verspürt.

In des Hofbräuhauses Hallen
Hört man böse Worte fallen,
Das Gemüt erhitzt sich hier,
Sündhaft am Regierungsbier.

Königstreue sieht man wanken,
Und es sind die Volksgedanken
In der Seele stark erbost,
Die der Rettich aufwärts stoßt.

Das geschieht vor jenen Bildern,
Die den König Ludwig schildern,
Wie er zu den Bayern spricht:
»Zu verderben seid ihr nicht!«

Ja, das waren andre Zeiten,
Und es muß uns Schmerz bereiten,
Wie sogar die Bürgerzunft
Jetzund lebt in Unvernunft.

Früher war der Münchner durstig
D'Politik war ihm ganz wurstig,
Alle Ständ' und die Hartschier
Saßen friedlich bei dem Bier.

Jetzt will jeder Zeitung lesen
Und es herrscht ein solches Wesen,
Daß man sich Gedanken macht,
Ob es nicht vielleicht bald kracht.

Da hat mancher still gefluchet,
Daß uns solches Leid heimsuchet
Und ein solches Unglück treff!
Jeß, Maria und Joseff!!

Freilich läßt man fleißig spritzen,
Daß sich d'G'müter nicht erhitzen,
Und aus diesem edlen Zweck
Schwimmt die ganze Stadt in Dreck.

Aber, fragen wir betreten,
Kann uns das alleinig retten
In des Aufruhrs schlimmer Not,
Die uns offenkundig droht?

Nein! Das kann bloß die Gesinnung,
Und der G'werbschutz und die Innung,
Religion und Kirchenb'such
Wenden ab des Aufruhrs Fluch.

Das bemerkt man auf dem Lande;
Hier vermied man jede Schande,
Und man wählte einen Christ,
Wie es schön und üblich ist.

Hier ist noch der Glaube mächtig,
Felsenfest und hinterschlächtig,
Und die Wahlenwühlerei
Stehet bloß dem Pfarrer frei.

Pfarrer, Köchin und Kop'ratter
Treten auf des Aufruhrs Natter,
Jeder Trotz wird aufgeweicht,
B'sonders durch die heiling Beicht.

Böse, schlechtgesinnte Schriften
Können hier kein Unheil stiften;
Gegen alles Pestgeschwür
Kriegt die Seele ein Laxier.

Und man ist verschont geblieben
Von den argen Zeitgetrieben,
Kümmert sich um Ochs und Sau
Und um seine Ehefrau.

Und am Wahltag hat der Bauer
Keine harten Zweifelschauer,
Ohne einen G'wissenswurm
Wählt er für den Zentrumsturm.

Möchten alle sich befleißen,
Sich so glänzend auszuweisen!
Denn wie ist der Staat gestellt,
Wenn der Bürger widerbellt?

Wer verdenkt es der Regierung,
Wenn sie ernstlich der Aufrührung
An den schlechten Kragen geht,
Und kein Spaß nicht mehr versteht?

Will kein Mittel mehr verfangen,
Tut man zu dem Schwerte langen,
Das bei uns hängt allezeit
An der Herrn Soldaten Seit'!

Infantrie und Reiter rücken
Durch die Straßen und die Brücken,
Rosse wiehern mit Gestampf,
Helf uns Gott, 's gibt Pulverdampf!

Aufgefahren sind Kanonen,
Die kein' Bürger nicht verschonen,
Krachend poltert aus dem Rohr
Der Gevatter Tod hervor.

Trifft dich eine Schrapenellen,
Wirst du dann noch widerbellen?
Eine Kugel gibt ein Loch.
Lieber Mensch, bedenk dies doch!

Und der Reiter mit der Lanze
Sticht dich tot wie eine Wanze,
Daß dein Blut die Wand bekleckst
Und du jämmerlich verreckst.

Die aus Neugier hergeloffen,
Werden auch dabei getroffen,
Denn man unterscheidet nicht,
Wenn man haut und schießt und sticht.

Und es kommt, wie es verheißen:
Alle Menschenband' zerreißen,
Und der tapfere Rekrut
Schießt sein Elternpaar kaput.

Durch des Königs hohen Willen
Kriegen blaue Kugelpillen
Bruder, Schwester, Weib und Kind,
Weil sie unzufrieden sind.

Das Gesetz mit seinem Schwerte
Zeigt bisweilen eine Härte,
Daß ei'm stark das Herze klöpft,
Wenn man schießet, hängt und köpft.

Ja, da werden viele schauen,
Die sich jetzt zu murren trauen,
Doch es ist gleich ausgemurrt,
Wenn die Todeskugel surrt!

Fensterscheiben werden klirren,
Säbel blitzen, Steine schwirren.
Durch vergossnes Menschenblut
Wird d' Gesinnung wieder gut.

Viele, die jetzt bitter grollen,
Werden Ruh' und Frieden wollen
Und es wächst der Liebe Saat,
Wo der Streit gewütet hat.

Aber nur auf vielen Leichen
Kann man dieses Ziel erreichen,
Und ein Mensch, der einmal tot,
Siehet nicht das Morgenrot.

Glaubt nicht, daß ich düster blicke
In des Vaterlands Geschicke,
Jeder, der es kennt, wie ich,
Weiß: das wird noch fürchterlich.

Doch ich lass' es unterbleiben,
Deutschlands Zukunft zu beschreiben,
Und ich lenke mein Gefühl
Auf das Opfer, das schon fiel.

Lib'ralismus, wir beklagen
Deinen Tod in diesen Tagen!
Ich will dir die Grabred tun,
Daß du sanfte mögest ruhn.

Einstmals warst du viel gehasset,
Doch du hast dich angepasset,
Und die Zugehörigkeit
Brachte keinem Herzeleid,

Wortreich war dein Erdenleben,
Mancher, der sich dir ergeben,
Hat mit Reden nicht gespart.
Bis er selbst Minister ward.

Von den Jugendidealen
Bist du gerne abgefallen,
Weil die Heftigkeit nichts nützt,
Wenn man Rang und Geld besitzt.

Ja, du ließest gerne dämpfen
Deine Lust an grimmen Kämpfen,
Und du wurdest so dabei
Dick und fett und königstreu.

Und in deinen letzten Zeiten
Warst du nur für Festlichkeiten,
Hurrah hast du oft geschrien,
Aber ach! Jetzt bist du hin!

Lenzesblüten all' die schönen
Sind nur da, dich zu verhöhnen,
Ihrer Kronen süßer Duft
Tänzelt über deiner Gruft.

Ruhe sanft! Wie du hienieden
Schliefest, eh' du warst verschieden.
Ruhe sanft! Mein Auge schwimmt,
Weil mir eine Träne kimmt.

DER BRESLAUER KRAWALL ODER
DIE ABGEHACKTE HAND

Wohl, es gibt verschiedne Würmer,
Spul- und Band- und Regenwürmer,
Doch der schlechtest' Wurm, der ist,
Der an unserm Herzen frißt.

Rebellion, so heißt sein Namen,
Aufruhr heißt sein ekler Samen;
Geile Unzufriedenheit
Macht, daß er in uns gedeiht.

Was wir sonst im Herzen tragen,
Alles kann der Wurm benagen,
Ehrerbietung, Disziplin,
Gottesfurcht und Biedersinn.

Häufig schon in früher Jugend
Frißt der Wurm an unsrer Tugend
Und zerstört ein Menschenkind,
Wenn wir in der Schule sind.

Schwätzen oder Nasenbohren
Vor den Herren Professoren
Und in ihrer Gegenwart
Zeugt bereits von schlechter Art.

Gerne schlecken oder naschen
Führt zum Griff in fremde Taschen,
An und für sich lasterhaft
Schwächt es auch die Willenskraft.

Später wird man noch geschlechtlich,
Und man blickt sehr oft verächtlich
Von dem breiten Lasterweg
Auf den engen Tugendsteg.

Also, statt ihn auszumerzen,
Nähren wir den Wurm im Herzen,
Und man wächst gemach heran
Als ein schlechter Untertan.

Fehlt dann noch das Pekuniäre,
Kommt man rasch ins Ordinäre.
Man verliert das Ideal,
Wird auch antinational.

Statt des Kirchengangs am Sonntag
Säuft man noch am blauen Montag,
Haß wird häufig eingeimpft,
Daß man auf die Reichen schimpft.

Ja, man wird in Zweigvereinen
Das Bestehende verneinen,
Hoffnung auf den Zukunftsstaat
Gibt dem Wurme neue Saat.

Mancher mit vergällter Leber
Murrt vor seinem Arbeitsgeber,
Oder nimmt mit bitterm Hohn
Samstags seinen Wochenlohn.

Mancher will an Kneipentischen
Auch die letzte Spur verwischen
Von dem, was auch unbewußt
Gutes lebt in seiner Brust.

Immer nur noch unbequemer
Wird er so als Arbeitsnehmer;
Auf die Untertanenpflicht
Legt er überhaupt kein G'wicht.

Aber nun, was blühet diesen?
Säbel, Polizei und Schießen,
Scharfer Hieb und spitzer Stich
Sind ihm jenseitsförderlich.

Denn so war's und ist's gewesen.
Jeder kann es gerne lesen,
Was zu Breslau in der Stadt
Kürzlich stattgefunden hat.

In dem Lenz, wo wir's genießen,
Daß die holden Blumen sprießen,
Sproßt in Schlesingen verrucht
Eines Aufruhrs schlimme Frucht.

Ihre Wurzel war vergiftet,
Unglück hat ihr Keim gestiftet,
Wer sie aß, geriet in Wut
Und in Durst nach Nächstenblut.

Meinecke und Archimedes
Sind wohl heut im Munde jedes,
Und man kennt sie überall
Als Fabriken für Metall.

Diese haben gramverbissen
Ihre Leut' hinausgeschmissen,
Erstens so und auch, damit
Besser bleibe ihr Profit.

Nur die Braven, die nichts wollten
Und dem Herrn Gehorsam zollten,
Hielten Meinecke und Sohn
Zu bescheidnem Arbeitslohn.

Und zu Breslau an der Oder
Sprach man kalt: entweder – oder.
Raus mit dir, du Arbeitsschuft,
An die schöne Frühlingsluft.

Aber die nun draußen waren,
Konnten ihre Wut nicht sparen,
Haben frech sich hingestellt
Und gemurrt und stark gebellt.

Jeder Staat hat das Bestreben,
Dem Besitz das Recht zu geben,
Auch in Preußens Monarchie
Herrscht die gleiche Sympathie.

Wenn sich Arme schlecht benehmen,
Hat man Mittel, sie zu zähmen,
Auch in Breslau hat man sie:
Polizei und Schandarm'rie.

In der Friedrich-Wilhelmstraßen
Ließ man gleich zum Aufmarsch blasen
Über den Striegauerplatz
Kam bewaffneter Ersatz.

Jeder hat die Pflicht begriffen
Und den Säbel scharf geschliffen,
Den er rennt auf ein Geheisch
In des Arbeitnehmers Fleisch.

Hieb- und stich- und dienstbeflissen
Und mit ruhigem Gewissen
Hat sich jeder gleich gedacht,
Daß er ein Massaker macht.

Hinter den Schandarmenscharen
Ließ die Polizei auffahren
Wagen von der Sanität,
Weil sie wußte, wie es geht.

Also zog man ohne Milde
Auf das ernste Schlachtgefilde,
Gegen den Striegauerplatz
Ging die scharfe Pöbelhatz.

Hier tat man die Leut' umringen
Und von vorn und hint' bezwingen,
Und man hieb jetzt einzelweis
In den vollgedrängten Kreis.

Und es war ganz gleich, man haute
Einem, der bloß friedlich schaute,
Schmerzhaft auf sein Körperglied
Ohne jeden Unterschied.

Denn bei solchigen Rumoren
Gelten alle als verschworen,
Die nur gegenwärtig sind,
Greise, Männer, Weib und Kind.

Neunundzwanzig Volkspersonen
Hat man, ohne sie zu schonen,
Außer den Betrieb gesetzt
Und teils leicht, teils schwer verletzt.

Stilke hieß ein Greis, den seine
Längst geschwächten Hinterbeine
Hinderten am schnellen Lauf.
Er bekam's am Kopf hinauf.

Daube hat sich der geschrieben,
Den sie auf den Fortsatz hieben,
Lehmann, Seitz und Richard Knoll
Traf man auch ganz schaudervoll.

Einen Schüler, namens Dräse,
Stach man elfmal ins Gesäße,
Überhaupt von hinterwärts
Kam der meiste Körperschmerz.

Blutend lag jetzt auf dem Pflaster
Bald das Mißvergnügungslaster,
Und der Wurm der Nörgelei
Unterlag der Polizei.

Doch die Heldensieger spähten,
Ob sie nicht noch etwas täten,
Jeder war noch kampfgewillt
Und im Blutdurst ungestillt.

Hinter den erschreckten Massen
Tobten sie durch alle Gassen,
Trafen links und hauten rechts
Leute beiderlei Geschlechts.

Hier nun kam ein Mensch gewandelt.
Wußte nicht, um was sich's handelt,
Biewald hieß er, und bis jetzt
War er allseits hochgeschätzt.

Selbst sein Prinzipal erklärte,
Daß er stets, wie sich's gehörte,
Morgens früh und abends spat
Rastlos seine Arbeit tat.

Aber weil die Herrn Serschanten
Weder ihn persönlich kannten,
Schlugen sie ihm auch bereits
Mit dem Säbel in das Kreuz.

Biewald schrie entsetzt um Schonung,
Flüchtet auch zu seiner Wohnung,
Wo die Mietfrau ängstlich kam,
Die es gleichfalls wundernahm.

Biewald hob die Hand zum Flehen,
Daß ihm nichts mehr soll geschehen.
Weil die hohe Polizei
Über ihn im Irrtum sei.

Während dieser Bittgebärde
Fiel die Hand ihm auf die Erde,
Ein Serschant, daß Gott erbarm!
Schlug sie kurzweg von dem Arm.

Damit, daß sie dies vermochten,
War der letzte Sieg erfochten,
Und in Breslau immerhin
Herrscht nun wieder Ordnungssinn.

In der Schles'schen Morgenzeitung
Lobte man die tapfre Leitung;
Graf von Pfeil, Genralmajor,
Stellte es sich herrlich vor.

Und er schrieb: Das flache Hauen
Ist als Greuel anzuschauen,
Scharfe Hiebe stimmen froh,
Gott sei Dank, hier war man so.

FORT MIT DER LIEBE!!
EIN NOTSCHREI!!!
Den Sittlichkeitsaposteln ergebenst unterbreitet

Sittlichkeit! In deinem Namen,
Schau, wie sie zusammen kamen,
Jene Männer, die man nennt
Heilig oder impotent;

Präsidenten von Vereinen,
Greise mit den Schnackelbeinen,
Gottdurchdrungen, glaubensstark
Und mit schlechtem Rückenmark.

Evangelisch und katholisch,
Ausgebuttert, alkoholisch,
Alle, denen einzig blieb
Nur der Suff als Mannestrieb.

Pfarrer, Richter und Pastoren,
Alle, die es ganz verloren
Oder niemals nicht vermocht,
Ausgebrannt am Lebensdocht.

Seelenmahner! Seelenwecker!
Jeder brave Selbstbeflecker
Ruft begeistert durch und durch:
Schön war's doch in Magdeburg!

Und euch Heiligen zu Ehren
Will ich im Gedichte lehren,
Wie es sein und kommen muß
In betreff: Geschlechtsgenuß.

Laßt uns nämlich gründlich fragen:
Soll man ihn nicht ganz versagen?
Oder aber – dies bedenkt!
Wollen wir ihn eingeschränkt?

– Die Versagung – ja, ihr Guten,
Wär' uns allen zuzumuten,
Wenn uns hierin – wohlgemerkt! –
Gott in seiner Güte stärkt.

Aber wehe! Wehe! Wehe!
Leider herrscht noch in der Ehe
– Wenn vielleicht auch unbewußt –
Immerhin die Fleischeslust.

Und erwägt im großen ganzen:
Wie soll man sich fortverpflanzen?
So wie früher? Momentan
Fängt man's auch nicht anders an.

Darum will es mir so scheinen:
Ganz verbieten und verneinen
Läßt sich nicht das Liebesglück.
Aber haltet es zurück.

Dämmt es ein mit Paragraphen!
Zwingt es in den Ehehafen!
Wenn es einer wirklich hätt',
Gut! So sei's im Ehebett!

Aber nun, wo sind zu finden
Schweinerei und Fleischessünden?
Und wo sucht ein rechter Christ
Erstlich schon den stärksten Mist?

Wenn wir uns hineinversenken,
Müssen wir zuerst gedenken
Hier, wie überall, und gern
Dies und jenes Landesherrn.

Und sie lassen sich mitunter
In der Liebe weit herunter,
Und es harret dem Geheisch
Auch das niedre Bürgerfleisch.

Manche hohe Königstöchter
Sind in punkto der Geschlechter
Gnädig, huld- und liebevoll,
Eifrig für des Volkes Wohl.

Kurz, es leben die Familien
Nicht so rein als wie die Lilien.
Und der kleine Untertan
Sieht den Saustall traurig an.

Sagt, ihr braven Pharisäer,
Tretet ihr der Frage näher,
Wie man sich dagegen stemmt
Und die hohe Unzucht hemmt?

Wollt ihr mit den Füßen treten
In den Schmutz der Majestäten?
Nein! Ihr sagt wohl still und feig':
Fürsten sind aus anderm Teig.

Wollt ihr dann die Blicke wenden
Zu den Geld- und Adelständen,
Wo man ein Gefühl erreicht,
Wenn man es in bar begleicht?

Wollt ihr diese streng vermahnen?
Nein! Mir sagt ein leises Ahnen:
Wird der Pfaffe gut berappt,
Hält sein Maul er zugeklappt.

So erhebt die Zorneswolke
Sich nur vor dem niedern Volke,
Und der fromme Speichel spritzt
Nur auf den, der nichts besitzt.

Ist es wahr, das diese Klassen
Ihre Sittlichkeit verlassen?
Oder sagt es der Prophet
Bloß, weil sein Geschäft nicht geht?

Dieses müssen wir erforschen:
Wird das Deutsche Reich vermorschen?
Naht es sich dem Untergang
Durch des Amors Überschwang?

Neulich hab' ich erst gelesen,
Da ist eine Magd gewesen,
Kriegte Kinder ohne Zahl,
Fast wie Pastors Eh'gemahl.

Und ein Schreiner, namens Thümmel,
Schlemmte so im Ehehimmel,
Setzte so viel Kinder her,
Als wie wenn er Pastor wär'.

Eine Köchin gab Soldaten
Heimlich Brust- und Nierenbraten,
Sellerie- und Kopfsalat.
Bloß damit sie Freude hat.

Auf der Herrschaft Sofaschoner
Saß am Freitag ein Dragoner.
Jeder denkt sich doch dabei
Irgendeine Schweinerei.

Das erzähl' ich beispielsweise
Für die Denkart dieser Kreise.
Doch es steht – man weiß es ja –
Leider nicht vereinzelt da.

In den Konfektionsgeschäften
Sündigt man nach besten Kräften.
Manche Näh- und Kellnerin
Gibt sich unbedenklich hin.

Ferner: Wird wo was entheiligt,
Ist das Militär beteiligt;
Der Prozentsatz ist enorm,
Wahrscheins durch die Uniform.

Eine Frau mit namens Heigert
Hat dem Pastor es verweigert;
Nicht aus reiner Scham jedoch,
Sondern weil er scheußlich roch.

Malzi hieß ein Gottesknechte,
Dieser kam nicht an die rechte,
Unreif war das junge Obst;
Eingespundet ist der Propst.

Überhaupt die Kinderliebe
Zeitigte verruchte Triebe.
Oftmals sprach ein Leser paff:
»Sieh nur wieder! So ein Pfaff!«

In den Katechismusstunden
Hat man häufig schon gefunden,
Daß ein stiller Katechet
Sonderbare Sachen tät'.

Manche kleine Protestantin
Lernte so als Konfirmandin,
Bloß damit sie's besser wüßt',
Alles was verboten ist.

Und so sieht man überallen,
Sünden tun und Engel fallen,
Auch gesalbete sogar.
Das ist schmerzlich, aber wahr.

Überhaupt, ihr Sittenbündler,
Keuschheitstrottel, Tugendschwindler,
Habt ihr schon den eignen Dreck
Gänzlich von der Seele weg?

Steht da so ein Bursche droben!
Weiß nur sich und sich zu loben,
Fühlt nicht, wie gemein er ist!
Lügner! Heuchler! Rabulist!

Dürft ihr euch als Vorzugschristen
Mit der eignen Tugend brüsten!
Hat nicht euer Herr verflucht,
Wer des Nächsten Splitter sucht?

Und warum fließt euch der Geifer?
Was entflammt euch so den Eifer?
Treibt euch Sorge fürs Geschäft,
Daß ihr gar so wütend kläfft?

Denn – so unter uns, ihr Biedern –
Könntet ihr das Volk erniedern,
Wär' das Volk nur wieder roh,
Wärt ihr alle sterbensfroh.

Und gesteht uns, liebe Schleicher,
Euer Weizen blühte reicher,
Je gemeiner eine Zeit.
So ist eure Sittlichkeit.

Jetzt lebt wohl! Wenn ihr die Rüssel
Steckt in jede Unratsschüssel,
Schaut, daß ihr's zu arg nicht treibt
Und nicht drinnen stecken bleibt.

Ja, lebt wohl! Ihr Seelenwecker!
Jeder echte Selbstbeflecker
Ruft begeistert durch und durch:
Schön war's doch in Magdeburg!

MÜNCHNER KARNEVAL

Joseph Nißler war als Sekretär
Angestellt beim Münchner Magistrat,
Wo man ein bescheidenes Salär
Und auch nicht zu viele Arbeit hat.

Seine Frau, geborne Maier, war
Unserm Nißler ehlich angetraut
Ungefähr seit viereinhalbes Jahr,
Und sie war dazu auch stramm gebaut.

Denn ihr runder Busen wölbte sich
Und zersprengte beinah das Korsett,
Daß so manchen gleich ein Wunsch beschlich
Und Gedanken auch an Fleisch und Fett.

Nißlers Wohnung lag am Goetheplatz,
Einen Zimmerherrn auch nahmen sie,
Heinrich Brinkemann. Er war aus Glatz
Und Beflissener der Pharmazie.

Er war durchaus, wie man sagt, solid,
Hat kein G'spusi zu sich hergebracht,
Zahlt am Ersten pünklich und vermied
Jeden Lärm und Unfug bei der Nacht.

Deshalb hatte ihn auch Nißler gern,
Und das Gleiche lag in ihrem Sinn;
Öfters sagte sie, als Zimmerherrn
Möcht' sie keinen andern als wie ihn.

Und so ging es, bis der Winter kam,
Wo man plötzlich auf Plakaten sah,
Daß der Karneval den Anfang nahm,
Und die Zeit der *Bals parés* sei da.

Eines Tages ging Herr Nißler aus
Auf die abendliche Kegelbahn;
Seine Frau war ganz allein zu Haus,
Und sie sagte: »Nun, Herr Brinkemann?

Nun, Herr Brinkemann, wie wäre es?
Wollen Sie das Münchner Leben sehn?
Wollen Sie mit mir auf *Bals parés*
Nicht ein wenig ganz verstohlen gehn?«

Brinkemann erwiderte mit ja
Und erklärte gerne sich bereit;
Nicht in schlimmer Absicht. Es geschah
Wirklich nur aus bloßer Höflichkeit.

Andern Mittwochs wurde es vollbracht,
Denn es traf durch einen Zufall ein,
Daß der Ehemann in dieser Nacht
Sitzung hatte beim Gesangverein.

Brinkemann war innerlich entzückt
Von dem Treiben und vom Walzertakt,
Ja, er war der Prosa ganz entrückt
Und von einem schönen Geist gepackt.

Lirum, larum und tarumtata!
Seine Hände faßten ihren Leib,
Was er fühlte und auch, was er sah,
Bot ihm angenehmsten Zeitvertreib.

O, wie selig man im Walzer wiegt,
Und wie fröhlich man auch schottisch hüpft,
Wenn ein Busen uns am Fracke liegt
Und ein Seufzer ihrem Mund entschlüpft!

Nach dem Balle ging's zum Domhotel,
Denn im Tanzen regt sich großer Durst,
Vor der Heimfahrt tranken sie noch schnell
Und vergnügten sich an weißer Wurst.

Endlich kam man heim. Herr Nißler war
Durch Verspätung leider nicht zu Haus,
Und ein weitrer Zufall bot sich dar,
Denn sie zog sich bei dem Heinrich aus.

Als nun endlich ihr Korsett entschwand,
O wie wurde es dem Jüngling schwül!
Macht- und wehrlos wurde sein Verstand,
Und der Schluß war nur mehr ein Gefühl.

Seit dem Tag gehörten sie sich an,
Seine Schüchternheit ging ganz vorbei.
Selig wurde Heinrich Brinkemann,
Und Herrn Nißler wuchs ein Hirschgeweih.

Weit entfernt von jeglicher Moral,
Wurden sie im höchsten Grad frivol,
Sie genossen jetzt den Karneval,
Liebe, Tanz und vielen Alkohol.

Doch bekanntlich kostet es viel Geld,
Wenn man sich entfernt vom Tugendpfad;
Man vermißt auch Güter dieser Welt
Niemals mehr, als wenn man sie nicht hat.

Von der Sucht nach Mammon ganz verderbt,
Hat Frau Nißler ihren Schmuck versetzt,
Den sie von den Eltern einst geerbt
Und aus diesem Grunde hochgeschätzt.

Kaum war dieses Sündengeld verpraßt,
War das Weitere die Folge nur.
Sie hat schleunigst den Entschluß gefaßt
Und versetzte ihres Mannes Uhr.

Auch das Ehebett verschont sie nicht;
Sie versetzte es, wo legitim
Sich die Liebe gab als schöne Pflicht,
Als Verbindung zwischen ihr und ihm.

Nißler merkte diesen Bettverlust,
Der so unvermutet plötzlich kam;
Seines Schmerzes war er sich bewußt
Und ergab sich einem stillen Gram.

O wie dieses ihm sein Herz zerriß!
O wie dieses ihm an seinem Herzen fraß,
Wenn er tief gebeugt, voll Bitternis
Lang' nach Mitternacht beim Biere saß!

Seine Frau beachtete dies kaum,
Dachte niemals an sein stilles Weh,
Sie erfüllte ihren Liebestraum
Und besuchte jeden *Bal paré*.

Brinkemann vergaß sich ebenso,
Und er fühlte sich nur hochbeglückt,
Wenn sein busenschöner Domino
Zärtlich sich an seine Kniee drückt'.

Lirum, larum, und tarumtata,
Innig fügte sich nun Hand in Hand,
Und die Reize, die er glühend sah,
Waren aus Erfahrung ihm bekannt.

Aller Sitte spricht man lächelnd Hohn,
Es entschwindet der Moralbegriff
Bei der Geige wunderschönem Ton,
Bei der Klarinette schrillem Pfiff.

Über enge Treppen kehrt man heim,
Pst! und Pst! Und leise schließt man auf,
Und dann taucht man in den Honigseim,
Und die Liebe nimmt verbotnen Lauf.

Alles endet, auch der Karneval.
Doch die Folgen bleiben. Man bemerkt,
Daß gebieterisch sich die Moral
Immer wieder durch Exempel stärkt.

Heinrich Brinkemann war jetzt verlumpt,
Ohne deutsche Jugendkraft, entmannt,
Lasterhaft und hohl und ausgepumpt,
Wie ein alter Krater ausgebrannt. –

Und Frau Nißler? Ja, sie flüstert nun
Ein Geheimnis ihrem Mann ins Ohr,
Und sie muß dabei ganz schamvoll tun,
So, als käm's ihr selber richtig vor.

Staunen faßte unsern Sekretär,
Denn er fragte sich mit Recht sodann
Ob er dieses Kindes Vater wär',
Und wieso? Und ganz besonders, wann?

Immer wieder hat er nachgedacht,
Tagesüber in dem Schreibbureau,
In dem Wirtshaus aber bei der Nacht.
Immer wieder fragt er: wann und wo?

Und er sprach nach jedem Liter Bier:
»Nein, es kann durchaus nicht sein! Ich weiß,
Dieses Kind ist keineswegs von mir;
Herrgottsakrament! Es wird ein Preiß'!«

D' MARIE

Maria Seibold war nun schon
Drei Jahre in der Kondition
Als Kellnerin beim Hackerbräu.
Auch war sie fleißig, ehrlich, treu.

Das Leben einer Kellnerin
Fließt nicht in lauter Unschuld hin.
Die Gäste werden leicht frivol,
Beeinflußt durch den Alkohol.

Sehr häufig zeigt ein alter Mann
Gefühle, die er nicht mehr kann;
Die Zote ist der letzte Trieb,
Der ihm von allem übrig blieb.

Die Kellnerin ist das Objekt
Für Witze, die man sonst versteckt,
Wie meckert so ein alter Greis,
Wenn er was Ordinäres weiß!

Wie herzlich lacht der Großpapa,
Und tut hihi und tut haha!
Und denkt sich, eine Kellnerin
Nimmt jeden Unflat gerne hin.

In der Welt der Sinnenlust
Blieb Marie immer selbstbewußt,
Was sie vernahm, war oft gemein,
Jedoch ihr Herz blieb sittenrein.

Kein Fähnrich und kein Korpsstudent
Erschütterte ihr Fundament,
Ja, selbst der schönste Offizier
Erreichte niemals nichts bei ihr.

In ihrem Busen war kein Platz
Für Liebe oder einen Schatz,
Sie blieb das ganze Jahr allein
Und mochte nicht und sagte »nein«.

Indessen, wer es recht versteht,
Der weiß ja selber, wie das geht.
Die Tugend ist ein Zwangssystem
Und insofern nicht angenehm.

Ihr Gegenteil ist ein Genuß,
Man hat sie bloß, weil man sie muß,
Man gibt sie weg, sobald man kann,
Es fragt sich nur: mit wem und wann.

Er hieß mit Namen Konstantin
Und kam durch einen Zufall hin.
Als Maler brauchte er Kredit
Und teilte es dem Mädchen mit.

Sie pumpte ihm. Man weiß es ja:
Vertrauen bringt die Herzen nah,
Und so erwachte auch für sie
Der erste Keim der Sympathie.

Ein Weib fühlt stets für einen Mann,
Dem es mit etwas helfen kann,
Die Regung schöner Zärtlichkeit,
Die dann naturgemäß gedeiht.

Das Wohlgefallen wächst an Kraft,
Die Neigung wird zur Leidenschaft,
Und wenn das Schicksal sie nicht trennt,
Kommt der geschlechtliche Moment.

Auch hier in dem besondern Fall
Ging es wie stets und überall,
Am dritten Tag war Konstantin
Das Ideal der Kellnerin.

Er selber nahm es mehr als Scherz,
Denn ein erprobtes Männerherz
Gibt mancherlei Gefühlen Raum
Und tändelt bloß und merkt sie kaum.

Indessen auch im leichten Spiel
Verfolgt man das bewußte Ziel,
Das jenseits von der Tugend liegt,
Die selten kämpft und niemals siegt.

Natürlich nahm es Konstantin
Als ziemlich selbstverständlich hin,
Daß sie ihm gern und liebevoll
Das Allerbeste opfern soll.

Sie sträubte sich; doch war der Ton,
Mit dem sie's tat, Gewährung schon.
Es klang in das verschämte »Nein«
Ganz leise hörbar »Ja« hinein.

»O Marie, tu nur zimperlich!
Was wetten wir, ich kriege dich!«
So sprach sehr oft der Konstantin,
Indem er heimging, vor sich hin.

Die Zeit für einen Sündenfall
Ist sicherlich der Karneval,
Man hat den Ort, man hat die Zeit,
Verführung und Gelegenheit.

Man sagt ganz harmlos: Ach herrjeh!
Wie wär's mit einem *bal paré?*
Man bietet sich zum Schutze an,
Damit das Mädchen gehen kann.

Das arme Ding das gar nicht ahnt,
Was man so nebenbei noch plant,
Sagt höflich: »Ja, da gehen wir.«
Es denkt nur an das Tanzpläsier.

Das Lamm, das auf der Wiese springt,
Folgt seinem Metzger unbedingt
Und denkt an keine arge List,
Bis daß es dann geschlachtet ist.

Der Schmetterling fliegt in das Licht
Und denkt an keine Folgen nicht;
Der Vogel merkt den Leim erst dann,
Wenn er nicht mehr von hinnen kann.

Und kurz und gut, manch schönes Kind
Ist harmlos, wie die Tierchen sind.
So fiel auch Marie ohne Arg
Und Ahnung in den Tugendsarg.

Die Geige klingt, die Flöte pfeift;
Wie so ein Walzer uns ergreift!
Das Herz des Mädchens quillt empor,
Es kommt ihm alles göttlich vor.

Tira – la – lala – ach, wie gut!
Es klopft der Puls, es wallt das Blut,
Er tanzt auch links mit viel Geschick,
Und immer feuchter wird der Blick.

»Mein Herr, Sie tanzen gar zu eng!«
»Das kommt von selber im Gedräng,
Entschuldigung, das war mein Knie,
Ich höre auf.« – »Nein, bleiben Sie.«

Wie das sich Arm im Arme wiegt!
Wie das sich Herz am Herzen liegt!
»Bist du mir gut?« – »So sei doch still!«
»Nein, sag' mir, was ich wissen will!«

Es rötet sich das Angesicht.
»Ach, Konstantin, ich sag' es nicht,
Ach, Konstantin, du weißt es schon!«
Da schweigt der süße Geigenton.

Sie ist erschöpft. Ein Gläschen Sekt
Erleichtert ihm, was er bezweckt;
Es kommt nun, wie es kommen muß;
Ein langer Kuß, und noch ein Kuß.

»Um Gottes willen, Konstantin!
Wo denken Sie denn wirklich hin?«
»Und sträube dich nicht immerzu,
Es gibt kein ›Sie‹, wir sagen ›du‹.«

Im Palmengarten wird es schwül,
Es steigert sich das Lustgefühl;
Wie sich ihr Busen hebt und senkt!
Ihr Auge sagt, was sie sich denkt.

O Marie, du bist auf der Bahn,
Die abwärts führt. So geht es an.
Ein Kuß ist so gefährlich nicht,
Doch schlimm ist das, was er verspricht.

Sie schmatzen wieder. Tätere–tä!
Man bläst das Zeichen zum Fraßä.
Autsch Mädchentugend! Autsch Marie!
O kehre um! Jetzt oder nie!

Sie bleibt und spricht der Sitte Hohn.
Ihr guter Engel ist entflohn,
Und nun entwickelt sich im Saal
Das wohlbekannte Bacchanal.

Es steigern sich bei jeder Tour
Die wilden Triebe der Natur!
Es fliegt das Bein, es fliegt der Rock,
Ein jeder Jüngling wird ein Bock.

Beim Tanz gilt keine Kunst.
Man dreht sich nur in toller Brunst,
Man jauchzt besessen, schreit und stampft,
Man lacht und brüllt und schwitzt und dampft.

Du süße Unschuld, lebe wohl!
Das andre macht der Alkohol.
Du hast's erreicht, mein Konstantin!
Sie ist verloren. Nimm sie hin!

Und bei dem letzten Flötenpfiff
Erlosch ihr letzter Schambegriff,
Sie duldet jeden Händedruck,
Verzichtet auf den Tugendschmuck.

Und das Programm entwickelt sich,
Verliebt, begehrlich, liederlich,
Sie ißt noch Weißwürscht, geht zu ihm.
Nun sind ja wieder zwei intim.

Maria ist nach dieser Nacht
In seinem Atelier erwacht,
Und von derselben Stunde an
Geriet sie auf die schiefe Bahn.

Sie schäkert jetzt mit jedem Gast
Und freut sich mehr als jede fast,
Wenn so ein ordinärer Greis
Am Stammtisch was Gemeines weiß.

KIRCHWEIH

»Simplicissimus«-Gedichte
von
Ludwig Thoma
(Peter Schlemihl)

Albert Langen, München
1912

WESTFÄLISCHE KAISERTAGE

Es wirbelt der Staub, es tutet das Horn;
Was rasselt und knattert und brauset da vorn?
Dort kommt mit hellen Fanfaren
Der Kaiser, der Kaiser gefahren.

Frau Lehmann und Schulz, ihr zittert so sehr,
Nun kommt euer Herrscher im Sturme daher.
Ihr dürft jetzt das Schönste genießen,
Den Kaiser, den Kaiser zu grüßen.

Und knax-ta ratax, da fährt Er vorbei …
Erhebt eure Herzen, erhebt ein Geschrei!
Dort hinter der staubigen Wolke,
Dort sitzt Er, verborgen dem Volke.

»O chott! Frau Nachbar, und saht ihr Ihn nicht?
Ik gloobe, Er machte ein ernstes Gesicht.«
»Ich hab' Ihn nicht deutlich gesehen,
Doch fühl' ich, mir ist was geschehen.«

Das Herz voller Lust, das Maul voller Dreck,
So ziehet der preußische Untertan weg.
Mit Staub sind die Augen verkleistert,
Doch leuchten sie lange begeistert.

GARANTIE

Der Kaufmann, will er uns gewinnen,
Gibt Ehrenwort und Garantie,
Das weiße Hemd ist reines Linnen,
Die Unterhosen platzen nie.

Der Ökonom tritt etwas schlichter,
Doch ernst für seine Butter ein.
Der Schuster sagt uns: wasserdichter
Als seine Stiefel kann nichts sein.

Und will ein Mädchen Busen haben,
Und wär' es gern proportioniert,
Ein Pülverchen verleiht die Gaben;
Die Büste wird ihm garantiert.

Für Weine, die uns wenig schmecken,
Für Schnäpse trotz der Schlechtigkeit,
Man gibt für Mittel gegen Flecken,
Für Stiefelwichse Sicherheit.

Mit dieser Bürgschaft ist es eigen,
Man hört sie oft und glaubt sie nie;
Auch Majestät gab für sein Schweigen
Dem Kanzler eine Garantie.

DAS FREUDIGE EREIGNIS

Den vierten Juli um neun Uhr fün'zehn
Erhielten wir einen neuen Hohenzollernprinzen.
Er besitzt bereits alle herrlichen Gaben,
Welche sie in dieser Familie immer haben.

Seine Laufbahn ist ihm genau vorgezeichnet,
Es geht nach der Uhr, was sich mit ihm ereignet.
Er kriegt infolge seiner großen Vorzüge
Ein Patent als Leutnant in die Wiege.

Er wird dergestalten auch mit den Jahren
Ganz fröhlich im Avanxemang fortfahren,
Er braucht die Karriere überhaupt bloß zu erleben,
Und sich keine Mühe nicht dabei zu geben.

Ingleichen wird er einstens zu Bonn studieren
Und sich als Borusse dortselbsten habilitieren,
Denn im ewigen Kreislauf der Hohenzollerntaten
Wird man immer wieder auf das nämliche geraten.

Um dieses langweilige Pensum zu ertragen,
Braucht man einen ziemlich guten Magen,
Oder auch Mangel an hervorstechendem Talente.
Was man aber hier nicht annehmen könnte.

GROSSFÜRSTIN ANASTASIA

Das ist die junge Großmama,
Frau Fürstin Anastasia,
Sie war wohl chic und nett, ja, ja,
Und ist auch jetzt noch so la la,
Und wer sie sieht und wer sie sah,
Pfeift durch die Zähne, tralala!

Sie geht, als wie zum Rendezvous,
Hat seidne Strümpf' und Stöckelschuh',
Ihr Unterröckchen macht *frou-frou*,
Man hört dem Rauschen gerne zu
Und denkt: Verflucht und sieh mal du!
Ich möchte wohl und ei *cou-cou*!

Nun denkt euch wohl, die hübsche Fee
Kam nach Berlin ins Schloß, o jeh!
Dort trinkt man nur den dünnsten Tee,
Ist gar so rein, wie frischer Schnee,
Und seidne Röck' und Strümpf', *olé*,
Die mag man nicht, du Jemine!

Die Herren vom *Consistorio*,
Die seufzen ouh! und stöhnen oh!
Die Fürstin ist so lebensfroh,
Als wenn sie nie die Sünde floh,
Und ihre Röcke rauschen so!
Sie sucht ihr Heil ganz anderswo.

Das näselt, flüstert ohne Ruh',
Und fromme Augen blicken, huh!
Man knöpft den Rock sich fröstelnd zu.
Die Fürstin aber denkt: nanu!
Nimmt ihre Strümpf' und Stöckelschuh',
Geht ins Hotel und macht *frou-frou*.

HYMNUS
nach der freudigen Kunde, daß S. M. der König von Sachsen Sich sehr
mißfällig über die Dresdener Ausstellung geäußert haben

(Als sächsischer Rundgesang für Liedertafeln gedacht)

Nu ist auch dem Geenig von Sachsen
Das Kunstverständnis gewachsen,
Er hat sich die Bilder betrachtet
Und sie gleich kritisch geschlachtet,
    Er aa – er ooch – er ooch – er aa,
    Nach hohem Beispiel aha! – juhe!
    Nach hohem Beispiel – aha!

Er sagte, Er sieht es nicht gerne,
Die Kunst ist viel zu moderne,
Die Maler müssen sich zähmen
Und sich gebildet benähmen.
    Er aa – er ooch – er ooch – er aa,
    Nu wissen mer's alle ei cha! juhe!
    Nu wissen mer's alle – ei cha!

Erst diente ein mächtiger Gaiser
Der Kunst als erfahrener Weiser,
Und jetzt probiert es ein wenig
Auch Sachsens kundiger Geenig,
    Er aa – er ooch – er ooch – er aa,
    Die Gönner und Kenner hurra – juhe!
    Die Gönner und Kenner – haha!

FRAU TOSELLI

Luischen, ob sich das auch paßt,
Wie du, das schöne Innenleben
Der Fürsten gänzlich preiszugeben,
Den Zeitungen ermöglicht hast?

Und wer dir schließlich dafür dankt,
Erzählst du eifrig den Parisern,
Daß man sich bei gekrönten Spießern
So ähnlich wie bei Meyers zankt?

Du hältst es noch für Sensation,
Den Schmutz aus *vulgo* hohen Kreisen
Ein bißchen unters Volk zu schmeißen?
Wir wissen aber alles schon.

Daß Fürsten manchmal Trotteln sind,
Und hohe Frauen dumme Gänse,
Und schöne Prinzen arme Hänse,
Das ist nicht neu, mein liebes Kind!

DER ZAR

Ein kleiner Knirps mit hohlen Wangen,
Im wirren Aug' ein stetes Bangen,
Die grüne Angst im Angesicht –
Kennt ihr den großen Zaren nicht?

Sein Weg führt zwischen Bajonetten
Gendarmen- und Soldatenketten,
Links sitzt und rechts ein Huissier;
So reist der arme Schissiäh.

Ihn friert in allen Zobelpelzen,
Und jede Viertelstunde schmelzen
Muß diese heldische Figur
Durch seine ängstliche Natur.

Die kleine Maus, der bange Hase
Mit stierem Aug' und weißer Nase,
Er ist mit einmal eisenfest,
Wenn er die andern sterben läßt.

KÖNIG EDUARD VII

Wißt ihr noch, wie man vor Jahren
Allgemein auf ihn geschimpft?
Suff und Spiel, die beiden waren
Ihm als Laster eingeimpft.

Zwischen ihm und kleinen Mädchen
– Sagte man, ich weiß es nicht –
Spann sich ab und zu ein Fädchen,
Und er hatte früh die Gicht.

Jetzt, in seinen alten Tagen,
Treibt er wirklich mit Geschick
– Auch sein Neider muß es sagen –
Eine kluge Politik.

Dieser Mann der schönen Hosen,
Den man oft betrunken sah,
Ködert erst die Herrn Franzosen,
Und sodann Hispania.

Ferne sei mir's, zu vergleichen!
Immerhin, trotz Suff und Jeu,
Scheint er dennoch zu erreichen
Sehr viel mehr als sein Neveu.

LUDWIG I
Eine Märzerinnerung

Lola, auf den Knieen vor dir liegend,
Lebend in den höchsten Wonnen hin,
Und mein Haupt an deine Reize schmiegend,
War ich selig, Andalusierin!

Teutsche Kraft in alten Gliedern fühlend
Und besiegend die Bedenklichkeit,
Niemals die Begierde gänzlich kühlend,
Hab' ich meine Reste dir geweiht.

Aber wütend, mein Idol bespeiend,
Glaubete mein Volk sich heldenhaft;
Immer Lümmel nur gewesen seiend,
Spottet' es der Liebe Zauberkraft.

TISCHREDEN

Mein Freund, bedenke dieses wohl:
Das Essen und der Alkohol,
Indem wir uns daran erlaben,
Erwecken uns die Rednergaben.
Dann steht der Mensch, klopft an das Glas
Und sagt wohl dies und sonst noch was,
Doch äußerst selten etwas Gutes.
Der Kreislauf des beschwerten Blutes,

Verdauung und der Magensaft
Sind hinderlich der Geisteskraft.
Und im Gehirn entstehen Blasen,
Und alle Worte werden Phrasen,
Und alles, was man sonst verschluckt,
Das wird am nächsten Tag gedruckt.
Wenn dann verflogen und verklungen
Der Weingeist, die Begeisterungen,

Und wenn man selber nüchtern ist,
Liest man erstaunt den eignen Mist.
Drum, außer in dem engsten Kreise,
O spreche nie verdauungsweise!

Bleib sitzen! Klopfe nicht ans Glas!
Und drückt dich nach dem Essen was,
Laß lieber einen stillen fahren!
Das wissen nur, die um dich waren.

BÜLOWS ENDE
Ein neues Volkslied

Die G'schichte ist traurig zum Lesen;
Sie hat sich geschehen in Kiel.
Da ist das Begräbnis gewesen
Vom Kanzler, der hinterrucks fiel.

Drei Lumpen sind über ihn kommen:
Ein Junker, ein Pfaff, ein Polack,
Sie haben kein Mitleid genommen,
Sie brauchten ein Geld in den Sack.

Der Junker, der lud die Pistole,
Der Pfaff, ja, der drückte sie ab,
Von hinten ersticht ihn der Pole,
Da mußte der Kanzler ins Grab.

Sie haben in Kiel ihn begraben
Und in die Gruben versenkt.
Wann wir einen andernen haben,
Der wo die drei Lumpen aufhenkt?

BETHMANN HOLLWEG

Alle horchen still beklommen,
Manchen überläuft es kalt,
Denn jetzt hat das Wort genommen
Unser frommer Theobald.

Wird er wohl in ernsten Tagen
– Oder aber wird er nicht –
Die Erlösungsworte sagen?
Stille doch! Der Lange spricht.

Die Tribüne zum Katheder
Und zur Schule wird das Haus.
Hohles Blech und zähes Leder!
Wo will dieser Mann hinaus?

Einen Philosophenkäse,
Der auch schon in Fäulnis war,
Spricht er langsam durch die Näse
Tief bewegt und sonderbar.

OSTELBISCHER ADEL
im Zirkus Busch

Er spricht von Gott, indes sein Magen
Noch etwas säuert von Bordeaux,
Er weiß von Jesus was zu sagen –
Allein der Heiland roch nicht so.

Er stochert dann aus seinen Zähnen
Die letzten Reste Kaviar
Und spricht mit unterdrückten Tränen
Von seines Vaterlands Gefahr.

Von Leuten, die das Volk betrogen
Um seinen kindlich treuen Sinn –
Da blitzt es in den Karpfenoogen,
Da zittert manches Doppelkinn.

Um seinen Kaiser tiefe Schmerzen,
Ums Vaterland ein arges Weh,
Sie brennen in des Adels Herzen.
Im Maule brennt die Henry Clay.

Und seht nur die Gesichter blühen
In Rot und Blau und Violett,
Und sehet jedes Antlitz glühen
Von Pathos und von Schweinefett.

SCHWEINE

Adolf Wagner stieg auf den Katheder.
»Gott zum Gruß, ihr Herrn!« sprach er. »Jeder,
Den ich hier erblick' in diesem Kreise
Hohen Adels, liebt nach Väter Weise
Unsre deutsche Heimat. Ihr zu dienen,
War von je die höchste Ehre Ihnen!«

— — — — — — — — — — — —

Bravo! Bravo! schrie's von jeder Bank,
Schrie's von rechts und links und mittenmank,
Bravo, Wagner! Ei, wie Donnerhall
Braust zum Redner dieser Freudenschall.

»Ergo«, fuhr Professor Wagner weiter
(Und der Jubel stimmt' ihn sichtlich heiter),
»Ergo, weil wir so die Heimat lieben,
Glühend lieben und mit heißen Trieben,
Wollen wir nicht bloß mit Worten prahlen,
Nein, wir wollen alle kräftig zahlen!«

— — — — — — — — — — — —

Pfui und Pfui! so brüllt's von jeder Bank,
Brüllt's von rechts und links und mittenmank,
Jeder Adelige wurde blau,
Brüllte rasend wie die Heimatsau.

Nämlich – sagte Wagner – opferwillig
Ist die w a h r e Liebe. Man soll billig
Nicht bloß jene Leute zahlen lassen,
Welche, wie man sagt, die Heimat hassen.
Nein, man soll in adeligen Kreisen
Der Gefühle Wahrheit auch beweisen.

— — — — — — — — — — — —

Halt dein Maul! Des Adels Liebe rostet,
Wenn's nichts trägt, im Gegenteil was kostet.
Alter Wagner, ich bin kein Professer,
Aber dieses weiß ich wirklich besser.

FESTMAHL

Ja, sie sitzen vergnügt zu dritt,
Rechts der Junker und links der Pfaff,
Und dazwischen der gute Aff',
Unser Michel, sitzt in der Mitt'.

Michel lächelt in stillem Glück,
Weil der Junker so gnädig ist,
Weil er von allen Schüsseln frißt
Immer das allerschönste Stück.

Auch der Pfaff hat das Bäuchlein voll,
Öffnet schnaufend die Hosenknöpf,
Sagt doch, daß ein Gottesgeschöpf
Stets die Freuden entbehren soll.

Und sie gehen nach dem Genuß.
Für den Michel bleibt gar nichts mehr
Als wie bloß die gehabte Ehr'
Und noch eins: daß er zahlen muß.

RÖMISCH-KATHOLISCHES

Was ist denn los?
In unsrer alten Kirche Schoß?
Das kann nicht mehr zur Ruhe kommen,
Das quält und ängstet alle Frommen,
Das brodelt, gärt und schäumt und zischt,
Als hätt' der Teufel was gemischt,
Das riecht verflucht nach Ketzern,
Nach Neuerern und Hetzern!
Es wird gebessert, aufgehellt,
Das Alte auf den Kopf gestellt,
Es regen sich die Zweifler,
Die Nicht-so-ganz-Begreifler – – –
Da aber schallt
Zu Rom ein donnernd Halt.
Wir finden keine neuen Wege.
Wer sie betritt, kommt ab vom Stege,
Der immer noch so eng und schmal
Zu Gott führt aus dem Jammertal.
Ihr eifervollen Umgestalter!
Was Dummheit und was hohes Alter
Der guten Menschheit heilig macht,
Wird nie in andre Form gebracht!
Wie wollt ihr Halben und ihr Lauen
Das Eingestürzte neu erbauen?
Entweder Heide – oder Christ,
Und nehmt die Kirche, wie sie ist!

DIE ERÖFFNUNG DES BAYRISCHEN
LANDTAGS

Von einem biederen Gebirgler

Z'nachst, wia'r i in da Stadt g'wen bin,
Da stell i mi an d' Straßen hin,
Und schaug a bissel umanand
Und siech und denk mir allerhand.
Auf oamal kimmt's ganz schwarz daher,
Und neben meiner fragt mi wer:
»Sie, is denn jetzt Fronleichnamszeit?
Dort geht de ganze Geischtlichkeit.«
Oa Pfarra nach dem andern kimmt,
Und wia's halt gar koa End net nimmt,
Da sag' i: heunt is eppa g'west
An Erzbischof sei Namensfest,
Vielleicht a große Glockenweich,
Vielleicht anort a schöne Leich?
Und oiwei schwärzer kimmt's daher,
Und no a Haufen! Oiwei mehr!
Ja Himmisakra! Werd's net gar?
Dös is amal a große Schar!
Und nix wia lauter Geischtlichkeit,
I hätt net denkt, daß 's so viel geit.
Vielleicht is heut Kapiteltag?
Und wia'r i jetzt an andern frag,
Da lacht er laut. »Hamm S' dös net kennt?
Dös is ja inser Parlament!«

DER FALL TREMEL

Süß wie eine Zuckertüte
Ist des echten Priesters Herz,
Und es glänzt vom Schmalz der Güte
Fett wie ein Kartoffelsterz;
Ist auch mild und angenehm
Und so weich wie feuchter Lehm.

Doch ermangelt's dieses Ruhmes,
Wenn der Unmut es beschlich,
Und die Milch des Priestertumes
Schmeckt im Zorne säuerlich.
Süßes wird zur Bitternis
Und die Milch voll Fliegenschiß.

Aus den Rosen werden Disteln,
Aus der Liebe wird der Haß,
Und von Jesuitenfisteln
Bis zum Kapuzinerbaß
Hörst du manchen schrillen Ton,
Aber nichts von Religion.

KATHOLIKENTAG 1906

Die Heerschau ist famos verlaufen,
Von Rednern sah man ganze Haufen,
Jedoch die Mehrzahl waren Stumme
Und viele Dumme, viele Dumme.

Sie haben sich um nichts vermindert,
Bedenkt man alle, die verhindert,
So gibt es eine schöne Summe
Und viele Dumme, viele Dumme.

O wie es sich bei uns verschönte!
Der Widerspruch, der laut ertönte,
Erstirbt im leisesten Gebrumme.
Es gibt nur Dumme, viele Dumme.

Der Papst erteilet seinen Segen.
Er sieht nun auf den rechten Wegen
– Nicht auf geraden, nein auf krummen –
Die vielen Dummen, vielen Dummen.

Es ist ihm keine Angst vonnöten.
Geht auch in Frankreich vieles flöten,
Bei uns ergänzen sich die Summen
An vielen Dummen, vielen Dummen.

BRESLAUER KATHOLIKENTAG

An dem Oderstromgestade
Ist der Glaube neu erstarkt,
Denn hier war die Herbstparade,
Scilicet der Ochsenmarkt.

Alle sind sie dagewesen,
Fern von ihrem Heimatsort;
Ungeacht' der Reisespesen
Zog der Geist des Herrn sie fort.

Mit den Platt- und Bürgerfüßen
Ist man stolz vorbeimarschiert,
Um den Bischof zu begrüßen,
Der hiebei ein Wort verliert.

Auch der Papst gab seinen Segen,
Oho-ho und gern dazu.
Ist euch was daran gelegen,
Wenn ich jetzt das nämlich tu'?

LIED DES NIEDERBAYRISCHEN KOOPERATORS

Mir, mir, mir Niedaboarn
Hamm a den Eid schö g'schwoarn,
Dös hot si glei gebüahrt,
Daß 'n a jeda schwüart.
Net g'rad mit oana Hand,
Mit all zwoa mitanand,
G'wasch'n san s' aa net g'wen.
Zweg'na wos denn?

Mir, mir, mir Niedaboarn,
Müaß mar an Himmi foahrn,
Pfeigräd als geischtli Herrn,
Dös hamm mir alle gern;
Sagt da Papscht, was a wui,
Ins is koan Eid net z'vui,
Mir hamm koan Wiss'nsdurscht,
Ins is all's wurscht.

Mir, mir, mir Niedaboarn,
So san mar aufzog'n woarn,
Daß ma koan Angst net g'spüart,
Daß si koa Zweifi rüahrt,
Daß mir scho allesamm
So an schön Glaab'n hamm,
Da gibt's scho gar nix mehr.
Hau a Pris her!

DIE FÜRSTIN WREDE
oder Ein rührender Zug der preußischen Rechtspflege

Der Tatbestand ist solchermaßen:
Wir haben erst die Fürstin Wrede,
Dann den Gemahl, den Diener Glasen.
Von diesen dreien ist die Rede.

Gestohlen haben Hochgeboren
Frau Fürstin Wrede. Dieses Faktum
Ging im Prozesse nicht verloren,
Und gilt noch heute als *intactum*.

Auf den Objekten der Vergehen
Aß der Gemahl. Aus welchem Grunde
Das Monogramm er nicht gesehen,
Erhellt nicht aus dem Tatbefunde.

Der Diener Glase ist der dritte,
Der äußerst unbeliebt sich machte,
Indem er gegen alle Sitte
Den Saustall in die Zeitung brachte.

Dies alles war dem Landgerichte
Zur Urteilsfällung unterbreitet.
Es hat auch die Skandalgeschichte
Schon in die rechte Bahn geleitet.

Die Fürstin fiel in Wahnsinnsnächte,
Der Fürst braucht einfach nischt zu wissen,
Doch den Gemeinsten aller Knechte
Hat man sofort ins Loch geschmissen.

MOABIT

So 'en Mann, der jar nischt wollte,
Jing am Trottowar,
Denn warum er det nich sollte,
War ihm ooch nich klar.

Mittemang in det Exzesse,
Janz in seinem Recht',
Kriegt er dreie in de Fresse,
Aber schon nich schlecht.

Staunend kriegt er's uff die Backe
Det et nur so knallt,
Und denn jing's ihm uff die Jacke
Mit die Staatsjewalt.

Mit det Jummi ins Jesichte,
Übers Oojenpaar,
Det ihm – hohes Landjerichte! –
Det ihm schummrich war.

Is er, weil man ihn verbimste,
Noch verbrecherlich?
Det is nu det allerschlimmste!
Man bejreift et nich.

GERMANIA UND DIE BERLINER POLIZEI

Sieh her auf diesen! Ihn hast du geschlagen,
Als er, vom Stolz der Wahlschlacht noch getragen,
Für seinen Kanzler deutsche Lieder sang.
Du hast den Hut ihm gröblich eingetrieben,
Hast ihn verletzt mit derben Schutzmannshieben,
Da Hochgefühl aus seinem Busen drang.

Als er begeistert zog zum Königsthrone
Und hoch und hurra rief dem Fürstensohne,
Trafst du mit flacher Klinge sein Gesäß.
Die treuen Augen waren ihm erloschen,
So hast du grün und hast ihn blau gedroschen.
Ist diese Handlung deutsch und sinngemäß?

Hegt ihr nicht Achtung mehr vor meinen Kindern,
Wenn sie in Festesstimmung und Zylindern
Den Kaiser ehren durch ein treues Lied?
Darf man die Liedertafler so vermöbeln
Wie Arbeitshorden, die aus Hunger pöbeln?
Und kennt ihr Rohen keinen Unterschied?!

VOR DEM SCHLOSSE

Eins und zwei, und eins und zwei,
Schritt und Tritt gehalten,
Rechts herum am Schloß vorbei,
Vorne dran die Alten!

Ei, das ist ja fast wie im
Achtundvierz'ger Jahre!
Mut und Wut und Löwengrimm
Unter grauem Haare.

Viele tausend schwarze Hüt'
In die Stirn gezogen
Und das Vaterlandsgemüt
Stürmisch und verwogen.

He, ist niemand heut daheim
In dem Königsschlosse?
Tönt von oben heut kein Reim
Runter in die Gosse?

Majestät ist scheint's verreist
Und euch nicht gewogen –
Jedenfalls gibt's keinen Kleist
Für die Demagogen.

DIE SCHLACHT

Seht ihr die Flammen lohen?
Funkelnde Augen drohen
Hinter den goldenen Brillen,
Und die Luft erzittert von schrillen
    Tönen der Wut.
    Durch die innere Glut
Rauher tönet die Stimme.
Bleicher werden im Grimme
Die glatten, die feisten Wangen,
Die sonst friedlich herunterhangen,
Und das bebende Doppelkinn
Zeigt den wütigen Kriegersinn.
    Der Schlachtruf braust.
    Zur drohenden Faust
Ballt sich manche fettige Hand.
Pfaffenschreie gellen durchs Land.

Aber drüben um ihre Fanale
Lagert die trotzige liberale
    Todesmutige Kämpferschar,
    Die noch niemals zu feurig war.
Und die Männer, die sie erkoren,
Rechtsanwälte und Professoren,
    Schreiten mit wuchtigem Gang
    Die Reihen entlang.
Die Bärte zittern
In Schlachtgewittern,
Und von hehrer Begeisterung
Kommen die Bäuche in leisen Schwung.
    Im tiefen Basse
    Ohn' Unterlasse
Mahnen sie die tapfere Schar,
Und es sträubt sich das blonde Haar.

Ha! Zusammen prallen
Die Streiter. Es fallen
Die Hiebe so hageldicht.
Schonung gibt es hier nicht.
Sie stöhnen, sie schnaufen,
Sie schreien, sie raufen
In wütende Klumpen geballt.
Der Schlachtruf erschallt,
Sie toben, sie stampfen,
Die Leiber verkrampfen
Ineinander sich.
Fürchterlich!
Fürchterlich!

Der Kampf ist aus.
Wer noch lebt, geht nach Haus.
Heilige Triebe
Und Menschenliebe
Kehren zurück in des Priesters Herz.
Und es geht wieder himmelwärts.

DER ALTE

Mein alter Hut aus jungen Tagen,
So keck die Krempe aufgeschlagen,
Stülpt' ich vorzeiten dicht aufs Ohr;
Da wußten sie in jeder Gasse,
Wie grimmig ich die Fürsten hasse,
Und hatten ihre Angst davor.

So du wie ich, wir beide waren
Ein Schrecken den Philisterscharen,
Sie sahen recht. Der Heckerhut
Weckt die verwegensten Gedanken
Und Wünsche ohne Ziel und Schranken
Und heißen Drang und Übermut.

Doch hinterdrein kam der Zylinder
Und dürre Zeit und Weib und Kinder,
Die schöne Jugend war vorbei.
Du lagst in einer Waschkommode,
Ich suchte nach dem lieben Brote,
Die Schaben fraßen an uns zwei.

KOMPROMISSLER

Das Prinzip in seiner Brust,
Tritt der liberale Streiter
Vor den Kanzler froh und heiter
Und auch stolz und selbstbewußt.

Wie er steht im hohen Saal,
Schaut er in die Gnadensonne,
Und er fühlt mit stiller Wonne
Ihren holden Wärmestrahl.

Bei der seltnen Götterkost,
Die ihm Adelige bieten,
Lockern sich des Herzens Nieten,
Taut der liberale Frost.

Selig lächelnd fällt er um.
Und in seiner Busentasche
Schmilzt zur pulverigen Asche
Müller'n sein Prinzipium.

DER HERR BEAMTE

Was zieht nur der Herr Glasermeister
Den Hut devoten Angesichts?
Dort geht, und Joseph Meier heißt er, –
Der Vorstand eines Amtsgerichts.

Der Apotheker bleibet stehen;
Obwohl es stark geregnet hat,
Läßt er ihn doch vorüber gehen,
Indem er in die Gosse trat.

Die Ehrfurcht dieser insgesamten
Honoratioren in dem Ort
Erfreuet unsern Staatsbeamten
Und lebt in seinem Herzen fort.

So ist er ideell entschädigt
Für das, was er entbehren muß,
Und was er eigentlich benötigt,
Und was ihm mangelt zum Genuß.

NACH DEM HAAGER KONGRESS

An sechzehn Wochen saßen sie.
Was tat das liebe Federvieh?
Es saß vergnügt und nagelfest
In seinem gut gewärmten Nest.
Es legte manches runde Ei
Mit vielem Gackern und Geschrei,
Doch immer ward es offenbar,
Daß jedes ohne Dotter war.
Ist das noch eine Hühnerzucht
So ohne Resultat und Frucht?
Bedenket, was die Herde fraß,
Indessen sie so lange saß!
Die Kosten waren fürchterlich.
Und gab das teure Vieh von sich
Nur Vogelmist und Hühnerdreck –
Ich finde, das hat keinen Zweck.

NACH DEN WAHLEN

Es schreit nicht mehr in fetten Schriften
Das Für und Wider von der Wand.
So laßt uns alle Frieden stiften!
Ein jeder reiche seine Hand!

Zur Menschheit wird auf diesem Wege
Die heißentflammte Wählerschar;
Und wieder Nachbar und Kollege
Ist, wer noch gestern Schurke war.

MOLTKE – HARDEN

Diese Frage liegt nun so:
Homo- oder hetero?
Ist er liebenswert und nett?
Taugt er was im Ehebett?
Oder leistet er es nicht?
Alles kommt nun vor Gericht,
Wo gesprochen werden muß
Von den *genitalibus.*
Int'ressant! Int'ressant!
Alle Damen sind gespannt
In dem Auditorio.
Homo- oder hetero?

ERGEBENSTES ERSUCHEN AN DIE BERLINER

Nun, Kinder, schließt auch wieder mal!
Denn bloß Skandal, und nur Skandal
Und hundertfünfundsiebenzich,
Das wird am Schlusse ärgerlich.

Beruhigt euch, seid wieder brav!
Was zwickt euch denn der Paragraph?
Und sprecht nicht immer vom Popo!
Versucht es nur, es geht auch so.

Es gibt doch eine Damenwelt,
Wovon der Mensch sich unterhält!
Seid meinetwegen hier intim
Und recht pikant! – Doch schweigt von »ihm«!

WIR TOREN

Warum nur immer Haß und Streit?
Wir könnten es so schöner haben,
Benützten wir Talent und Gaben
Zu mäßig milder Heiterkeit.

Man wäre Gast im besten Haus:
Und kitzelte mit Politessen
Den Reichen, der sich voll gefressen
Und Witze liebt nach gutem Schmaus.

Er könnt' mit uns zufrieden sein
Und stocherte in seinen Zähnen,
Und rülpst' und unterdrückt' ein Gähnen
Und schliefe dann behaglich ein.

Man paßte in das Staatssystem,
Wenn uns das Rindvieh loben dürfte
Und unsern Spaß mit Wonne schlürfte,
Man wäre deutsch und angenehm.

HAMM

Mit Frömmigkeit grub man die Unsern ein;
Der liebe Gott mag zufrieden sein,
Ist alle Ehre ihm widerfahren
Von feinen Leuten, die dabei waren.
Sie wollten im Unglück, das uns geschehen,
Sein unerforschliches Walten sehen.
Fand auch der Pastor sich einen Spruch;
Die Bibel ist so ein dickes Buch,
Daraus man seine Erbauung zieht,
Wenn armen Leuten recht weh geschieht.
Der liebe Herrgott hat wohl getan;
So viele Reiche flehten ihn an
Und führten auf eine halbe Stunde
Den Allerbarmer in ihrem Munde.
Um diese Ehre mochte er's wagen
Und konnte dreihundert Arme erschlagen.

TREUSCHWUR

Dort fließt der Rhein, und über jenen Gipfeln
Ragt der Germania hehre Erzgestalt;
Es rauscht in allen hohen Eichenwipfeln,
Und jeden Deutschen überläuft es kalt.

Hier ist der Ort, wo ich die Treue schwöre,
Und wo ich schwöre, ewig keusch zu sein.
Sieh deinen Sohn, Germania, und höre!
Hört es, ihr Wälder! Hör es, Vater Rhein!

Es weitet sich die Brust im Hochgefühle,
Und zitternd läuft es mir durch Bein und Mark.
Nein! Nie erschlaff' ich auf dem Wollustpfühle,
Deutsch bleibt mein Herz, und jeder Muskel stark.

Und plagt es mich in wirren Fieberträumen,
Mag jede Nacht voll Höllenqualen sein,
Mag auch das Blut in meinen Adern schäumen –
Germania, dein Sohn bleibt keusch und rein!

MÜNCHNER SITTLICHKEITSVEREIN

O Marie, Fanny, Kathi, Susi,
Ihr blonden, braunen, runden Gspusi,
Las't ihr, was jetzt geschrieben war?
Ihr dürfet keinen Schatz mehr kriegen,
In keinem fremden Bett mehr liegen,
Das ist für immer aus und gar.

Ach ja, wenn man an Ausgehtagen
Als ein »Verhältnis« sozusagen,
Beim Pschorr und Augustiner saß,
Wie war man glücklich da von Herzen,
Daß man darüber alle Schmerzen
Und alle Mühen schnell vergaß!

Die ganze Woche das Gemuddel
Und hinter einer Ladenbuddel,
Nur einen Tag, da war man frei
Und durfte E i n e m etwas gelten
Und hört' was Liebes nach dem Schelten
Und glaubte, daß man glücklich sei.

Und wenn wir dann nach Hause kamen,
Nun freilich und in Gottes Namen –
Man war so jung und war allein.
Was schiert die Welt sich um uns beide?
Geschah doch niemand was zuleide!
Warum denn soll es Sünde sein?

O Kathi, das ist schlecht verteidigt!
Wer nicht mehr kann, ist bald beleidigt,
Die Tugend liegt im Wackelbein.
Das Zitterknie ist's, was uns heiligt;
Lies nur, wer alles sich beteiligt,
Die Liste sagt es schon allein.

SEXUELLE AUFKLÄRUNG

Der alte Storch wird nun begraben.
Ihr Kinder lernt im Unterricht,
Warum wir dies und jenes haben,
Und es verbreitet sich das Licht.

Zu meiner Zeit, du große Güte!
Da herrschte tiefe Geistesnacht.
Man ahnte manches im Gemüte
Und hat sich selber was gedacht.

Mich lehrte dieses kein Professer;
Nur eine gute, dicke Magd
Nahm meine Unschuld unters Messer
Und machte auf dieselbe Jagd.

Ihr Unterricht war nicht ästhetisch,
Im Gegenteil, sehr weit entfernt.
Und doch, wenn auch nicht theoretisch,
Ich hab' es ziemlich gut gelernt.

EIN BLICK INS DAMENBAD

Nicht all und jedes, meine Beste,
Ist reizend, was Ihr Kleid verhehlt.
Denn manches, was das Mieder preßte,
Wird schwabbelig, wenn dieses fehlt.

Ein hübscher Stiefel, schöne Strümpfe
Beschwindeln uns oft sonderbar.
Man sieht mit Schrecken, daß die Nymphe
Gespickt mit Hühneraugen war.

Ich spreche nicht von Hinterfronten,
Die, ungebührlich aufgebauscht,
Uns nur so lang bezaubern konnten,
Als schwere Seide sie umrauscht.

Das Nackte kann die Tugend stärken,
Und vieles reizt uns nur umflort.
Ich konnt' es durch die Wand bemerken,
Als ich ein Loch hineingebohrt.

LEBENSWEISHEIT

Die Kultur verdirbt die Liebe,
Denn sie hemmt den stärksten Drang.
Und der mächtigste der Triebe
Wird ein schwaches Santimang.

Kater, die in Städten leben,
Sie verschwenden ihre Zeit,
Um sich angenehm zu geben,
Selten kommen sie soweit.

Wo Natur noch auf dem Lande
Die Begriffe nicht verschiebt,
Lehrt sie: Wer dazu imstande,
Nehme schleunig, was er liebt.

Rasch gestillte Wünsche reißen
Nicht an unserm Nervenstrang,
Und man darf sich glücklich heißen,
Und man lebt vergnügt und lang.

AN WILHELM BUSCH
den aufgehörten Dichter

Erst dreimal Hoch und dann ein Tusch
Dem hochverehrten Meister Busch!

Da sitzt du nun seit manchem Tage
Beim Bienenkorb am Rosenhage,
Die laute Welt ist fremd für dich,
Du flötest nur mehr innerlich
Und hältst dich fern von dem Bestreben,
Uns andern auch was abzugeben.
Wie ist verschieden doch die Dichtung
In dieser und in jeder Richtung!
Der eine wird erst spät Genie,
Der andre wird es viel zu früh,
Und man bemerkt nur äußerst selten,
Daß hier Naturgesetze gelten.
Oft kommt die Frucht schon vor der Blüte,
Und ist dann von besondrer Güte.
Wir sehen auch Verschiedenheit
In Anbelang der Fruchtbarkeit,
Bei diesem geht es äußerst spärlich,
Der andere entbindet jährlich
Und macht dem guten Publiko
In jedem Herbst das Leben froh.
Jetzt aber taucht die Frage auf:
Wann endet wohl des Dichters Lauf?
Gewöhnlich mit des Lebens Tagen;
Dies läßt sich hier authentisch sagen,
Weil keiner gern die Quelle stopft,
Auch wenn sie noch so ärmlich tropft;
Und mancher Greis saugt noch am Busen
Der armen, viel geplagten Musen

Und glaubt, auch wenn er lange soff,
Es fehle nie am Nahrungsstoff.
Fast jeder nimmt ins kühle Grab
Ein angefangnes Werk hinab.
Dann schreibt der Kritiker: »Wie schade!
Dies war sein bestes ja gerade!
Es ist wahrhaftig ungeschickt,
Daß hier die Parze abgezwickt.«
Was aber hat man denn posthum
Auch von dem schönsten Dichterruhm?
Du, Meister Busch, hast dies begriffen,
Du hast vergnügt so lang gepfiffen,
Als es dich selber noch erfreute.
Dann sagtest du: »Ihr lieben Leute,
Ich dächte nun, es sei genug,
Wer früher aufhört, handelt klug.
Man wird so mit vergnügtem Sinne
Der Epiloge Schönheit inne
Und liest noch selbst den ganzen Mist,
Indessen man am Leben ist.«

WILHELM BUSCH †

Wie wohl ist einem guten Greise,
Denkt er behaglich, still und weise,
Nach einem langen Arbeitstag,
Wie er den Abend nützen mag.
Die andre Menschheit jagt und hetzt,
Und prahlt und neidet, zankt und schwätzt,
Und ist enttäuscht und hofft aufs neue,
Fühlt heute Glück und morgen Reue,
Treibt sich mit Wünschen hin und her
Und hat sie viel, so will sie mehr,
Und dreht sich hastig um und um
Im ewigen Brimborium.
Der gute Greis sagt still und froh:
Ja, früher war ich auch mal so,
Doch fortan will ich nur allein
Recht fern von Lob und Lärmen sein,
An einem Ort, wo man nichts hört
Von Anerkennung, die uns stört.
Hab' ich mir selbst genug getan,
Was geht es meine Mitwelt an?
So von Erinnerung umgeben,
Läßt es sich noch ein wenig leben.
Mein Geist, indes die Pfeife brennt,
Sieht viel, was er von früher kennt,
Und liebgewordene Gestalten,
Sie grüßen herzlich ihren Alten.
Es grüßt und winkt die Jugendzeit
Und fröhliche Vergangenheit.
Man sieht den Weg, den man geschritten,
Vergessen ist, was man gelitten,
Man sagt sich selbst mit frohem Mut:
Im ganzen war die Sache gut,
Und gut war alles, was geschehen.
Jetzt ist es Zeit zum Schlafen gehen.

NATURGESCHICHTLICHES ALPHABET

Der **A**bend kommt am Tagesschluß,
In **A**frika gibt's viel Verdruß.

Was in **B**erlin so vor sich geht,
Erfährt der **B**ülow manchmal spät.

Den **C**ognak trinkt man gern *vieux*,
Den **C**aro beißen viele Flöh'.

Des **D**avid Sohn hieß Absalon,
Der **D**ernburg wird jetzt auch bald »von«.

Die **E**lstern haben bunte Schwänz',
Im Alter wird man **E**xzellenz.

Die **F**ürsten sieht man nur von ferne,
Furunkeln hat man auch nicht gerne.

Die **G**nade ist um Geld nicht feil,
Auch **G**reise sind mitunter geil.

Der **H**immel ist der Menschheit Ziel,
Der **H**ase rammelt ziemlich viel.

Das **I**ndigo ist blau, nicht rot,
Der **I**bsen ist jetzt auch schon tot.

Der **K**ranke wird sehr oft klistiert,
Der **K**aiser hat den Kleist zitiert.

Man wird leicht stolz als **L**eutenant,
Die **L**aus stammt wohl aus Griechenland.

In **M**ontenegro wird gestohlen,
Die meisten Sachsen sind **M**ongolen.

Wer länger ohne **N**ahrung ist,
Wird ganz von selber **N**ihilist.

O-Beine niemand leiden kann,
Der **O**rterer ist ein schöner Mann.

Der alte Pfaffe wird ein **P**ropst,
Der **P**ferdeapfel ist kein Obst.

Es gibt viel **Q**uallen in der See,
Viel **Q**uasselfritzen an der Spree.

Der **R**eiher speit mitunter sehr,
Von **R**oeren hört man gar nichts mehr.

In **S**ingapore sind wir fremd,
Der **S**erbe wechselt nie das Hemd.

Der **T**od ist dieses Lebens Ende,
Die **T**aube kackt auf Monumente.

Man lasse doch den **U**nfug bleiben,
Mit seinen Fürsten **U**lk zu treiben.

Vampire sind gemeine Biester,
Die **V**enus hat noch heute Priester.

Die **W**ade ist ein Teil des Leibes
Und oft die Zierde eines **W**eibes.

X Y sind sehr verzwickt,
Auch Busch hat sich darum gedrückt.

Der **Z**ar fühlt sich in seinem Saal
So bänglich wie ein **Z**itteraal.

Warum bloß nicht unverhohlen
Spricht er das bewußte »nein«,
Das die Junker ihm befohlen?
Muß es denn salbadert sein?

BEGEGNUNG

Jüngsten Samstag sah ich Herrn von Wehner,
Und er blickte mich durchbohrend an.
Fragend sprach sein Auge: Bist du jener?
Zornig schien er, wie ein Göckelhahn.

Seelenvoll erwidert' ich und milde
Seinen ungestümen Drohungsblick.
Dich, den ich so oftmals sah im Bilde,
Führt entgegen mir das Mißgeschick?

Exzellenz! So dachte ich mir weiter,
Was ich sehe, ist nicht imposant.
Und Ihr Anblick stimmt mich seelenheiter,
Hocherhabner Zentrumsadjutant.

Gleich als wenn er die Gedanken merkte,
Hat sein Aug' mich nochmal angeblitzt,
Was den stillen Wunsch in mir verstärkte,
Der schon lang' in meinem Innern sitzt!

NUTZEN DES REISENS

Man soll vom Hause sich entfernen,
Um in der Fremde neu zu lernen.
Mit off'nen Augen, frischem Sinn
Schöpft jeder Reisende Gewinn.

Ist dir im Kleinen wie im Großen
Gar manches seltsam aufgestoßen,
Beacht es wohl! Veracht es nie!
Und suche das »Warum« und »Wie«!

Du gehst ins Land der Italiener.
Da siehst du bald, wie der und jener
Mit Lächeln an der Ecke steht
Und seine Notdurft hier begeht.

Nun also, diese Menschlichkeiten,
Die uns Beschwerden oft bereiten,
Der mühsam unterdrückte Drang
Vollzieht sich hierorts ohne Zwang.

Auch dieser Vorgang kann belehren
Und unsern Wissenskreis vermehren,
Wenn man das Typische daran
Mit Klugheit unterscheiden kann.

Zwar läßt sich die Behauptung wagen:
Die Art, das Wasser abzuschlagen,
Bleibt immer gleich, und nur das »Wo«
Ist unterschiedlich, so und so.

Jedoch man urteilt oberflächlich,
Erachtet man dies nebensächlich.
Der Denkende sieht die Kultur
In der Befolgung der Natur.

Ihm ist es auch kulturgeschichtlich;
Der Vorgang macht es ihm ersichtlich.
Er weiß jetzt und durchschaut es tief:
»Das Volk des Südens ist naiv.«

WIEN

Wo das Blut noch lüftig brennt,
Wo die Hendel bachen wern,
Wo das Herz noch Treue kennt,
Und die Sprache hat an Kern;

Wo Fiaker Helden sind,
Und der Strudel herrlich schmeckt,
Wo Gemüt in jedem Kind
Und Hamur in allen steckt;

Wo der Wind so lieblich waht
Und der Walzertraum uns packt,
Wo die Witwe lustig draht,
Täglich im Dreivierteltakt;

Wo der alte Steffel steht,
Ja, dort waß ich ganz gewiß,
Daß der Tolstoi kan Poet,
Bloß a Tepp und Trottel is.

AUF POSTEN

Es prangen in den Straßen
Die Reichen auf und ab,
Das muß mich denken lassen,
Daß ich kein Geld nicht hab'.

Die Mädchen promenieren
Sich stolz an mir vorbei,
Da muß ich es verspüren,
Wie ich alleine sei.

Ich möchte, Mond und Sterne
Wär' lauter bares Geld,
Das hätt' ich wohl so gerne
Und wär' ein feiner Held.

Das Glück muß andern winken,
Kommt aber nicht zu mir,
Kein Geld nicht zum Vertrinken,
Kein Mädchen zum Pläsier.

PAROLE HEIMAT

Jetzt kann uns auch der Herr Scharschant,
Ade! Ade, Kaserne!
Wir grüßen dich und allerhand
Und winken aus der Ferne.

Jetzt kann uns auch der Herr Major
Zum letzten Lebewohle;
Wir ziehens fröhlich aus dem Tor
Und rufens die Parole.

Jetzt, Mädchen, muß geschieden sein
Und darfst dich nicht zergrämen!
Es rucken schon die andern ein,
Die, wo dich wieder nehmen.

JÄGERFREUDE

Hat da Gamsbock wohl an schöna Bart,
Aba 's Kriag'n, mei Liaba, dös is hart,
Muaßt scho einisteig'n in d' Wänd und Graab'n,
In de schlachsten san s', dös derfst mir glaab'n!

Auf de Berg is jetza woltern kalt,
Und i woaß net, was enk Jaaga g'fallt,
I tat liaba scho herunt'n bleib'n,
Und von mir aus kunnt's da dromat schneib'n.

Na, mei Deandl, wer de Sach vasteht,
Hat koa Freud an nix, was leichter geht.
Mit de Madeln aa, dös laß dir sag'n,
Is koa G'spaß dabei, muaßt di net plag'n.

FRIEDEN

Die stille Nacht ist gar so kalt,
Weiß ist das Feld und weiß der Wald,
Es zittern in der Ferne
Vor Frost die kleinen Sterne.

Und führt ein Engel bei der Hand
Das Christkind her in deutsches Land,
So muß es heute kommen,
Das hoffen alle Frommen.

Und watet es durch tiefen Schnee,
Dann horcht im Wald ein armes Reh,
Ein Baum erschauert leise
Und grüßt es auf der Reise.

Wir horchen in die stille Nacht,
Die alle Menschen glücklich macht.
Hört keiner wohl die Kunde
Aus froher Engel Munde?

FRÜHLINGSAHNEN

Wohlig merken unsre Sinne
Nun den Frühling allgemach,
Denn es trauft aus jeder Rinne,
Und es tropft von jedem Dach.

Leise regt sich im Theater
Dieser Welt ein Liebeston;
Nächtens schreien viele Kater,
Und der Hase rammelt schon.

So auch uns ergreift die Glieder
Wundersame Lebenskraft;
Selbst solide Seifensieder
Fühlen ihren Knospensaft.

Treibet das Geschäft der Paarung!
Lasset der Natur den Lauf!
Denn ihr wisset aus Erfahrung,
Einmal hört es leider auf.

ERSTER MAI

Ja, das war ein erster Mai!
Dreckig waren alle Straßen,
Auch der Wind hat kalt geblasen
So, als wenn es Winter sei.

Unsre junge Mädchenschar
Trug verstärkte Unterhosen,
Und es konnte wohl erbosen,
Wenn es etwa lästig war.

Nichts von Spitzen oder Mull!
Und von den Naturgenüssen
Hat man sich enthalten müssen,
Denn es war fast unter Null.

Alle haben sich geschont,
Die sonst gerne unterliegen,
Um nicht den Katarrh zu kriegen
Und das heißt man Wonnemond.

MAI

Was uns der schöne Frühling tut,
Ist lauter Lieb' und Wonne.
Den Mädeln wird es so zumut,
Wie Katzen in der Sonne.

Sie schnurren rings um uns herum,
Sie lächeln und sie schmeicheln,
Man fühlt was wie ein Fluidum,
Man muß die Tierchen streicheln.

Und kommt man auch nur leis daran,
So ist's um uns geschehen,
Dem Frühling und dem Baldrian
Kann keiner widerstehen.

Herr Kirchenrat, Sie schweigen still!
Es läßt sich nicht vermeiden.
Wenn Gott die Sache selbst nicht will,
Muß er die Kater schneiden.

FRÜHLING

Über kürzlich erst gedüngte
Wiesen zieht der Blumenflor,
Und Natur, die sich verjüngte,
Kommt uns schön und lieblich vor.

Lämmer springen, Ziegen hüpfen,
Alle Tiere dünkt es recht,
Liebedurstig anzuknüpfen
Mit dem anderen Geschlecht.

Spatzen, Tauben, Stare, Schwalben
Paaren sich, und auch das Huhn
Will im Feld und allenthalben
Mit dem Hahn dasselbe tun.

Stolz erfüllt den muntern Gockel,
Und das Weibchen schwimmt im Glück.
Nur der arme Pfarrerzwockel
Zieht sich in sich selbst zurück.

Liebesglück und Liebesschmerzen
Sind ihm fremd *et cetera*,
Denn er kennt nur Frauenherzen,
Die er durch ein Astloch sah.

JULI 1909

Die Schöpfung Gottes ist dieses Jahr
Ein niederträchtiges Pissoar.
Schnecken und Frösch' und Wasserwürm'
Brauchen sogar einen Regenschirm.
In der verschleimten Sommerflur
Rotzt die gesamte Kreatur,
Und das weise Weltensystem
Ist aus Dreck und aus feuchtem Lehm.
Auch im Himmel schweigt Gottes Lob.
Dieses Wetter ist viel zu grob,
Georg, Michel und Gabriel
Möchten miteinander in d' Höll',
Denn sie meinen, es wär' wohl gut
In der ewigen Flammenglut.
Oben frieren die Zehen starr,
Petrus hat einen Blasenkatarrh,
Und dem Erzvater Abraham
Wachst am Hintern ein Fliegenschwamm.

REGENSTIMMUNG

Papa sitzt in der kurzen Hos
Mit blau gefrornem Knie.
Gott, ist denn hier auch gar nischt los?
Nicht eine Skatpartie?

Mama hat zehn Pfund Schwabbelherz
Im Mieder eingeschnürt,
Wodurch sie einen leisen Schmerz
Bis an den Nabel spürt.

Was soll sie tun? Nu Gott, sie nimmt
Was Süßes zu sich ein,
Und was ihr auch nicht gut bekimmt,
Sie fühlt sich so allein.

Die Tochter sitzt auf der Altan'
In Alpenmädchentracht,
Wodurch ihr gleich ein junger Mann
Die Courbeschneidung macht.

Gott! Wenn's nicht fäschonäbl wär!
Was tut mer auf dem Platz?
Die Unterhaltung is prekär
Und wirklich für die Katz.

VERGÄNGLICHKEIT

Es prangt um uns auf allen Wiesen
In Grün und Gelb, in Blau und Rot.
Wir wollen diese Pracht genießen,
Denn übermorgen ist sie tot.

Schon kommt man, sie hinwegzuraffen,
Es naht der Schnitter, der sie mäht.
Gott hat die Blumenwelt geschaffen,
Daß sie als Heu die Kühe bläht.

Wohl ist es wert, daß man sich härme,
Wenn man das Ganze recht bedenkt,
Wie diese Schönheit durch Gedärme
Verwandelt sich nach außen lenkt.

Hier liegt die Blume hingesch … lagen,
Sie rauchet noch als warmer Mist.
Warum? … Das wird die Allmacht wissen,
Du frage nicht als frommer Christ!

1911 HITZE

Überall hört man von Hitze,
Manchen trifft sogar der Schlag,
Naß wird man am Hosensitze
Schon am frühen Vormittag.

Damen, denen man begegnet,
Leiden sehr am Ambopoäng:
»Gott! Wenn es nur endlich regnet!«
Ist der ewige Refräng.

Oberlehrer und Pastoren
Baden sich in diesem Jahr,
Ihre Scham geht auch verloren,
Und man nimmt sie nackicht wahr.

Busen, Hintern, Waden, Bäuche
Zeigt man heuer lächelnd her,
Und wir kriegen schon Gebräuche
Wie die Neger ungefähr.

Wenn das Barometer sänke,
Käme eine beßre Zeit
In bezug auf die Gestänke
Und *in puncto* Sittlichkeit.

HERBST

Nun singt der Dichter, daß vom Sommerkleide
Die liebliche Natur sich sterbend löse;
Er findet stille Wehmut auf der Heide,
Und jeder Waldbaum macht ihn seriöse.

Denn unwillkürlich denkt er an sich selber,
Sieht er die lieben Blätter welken, fallen.
Es färbt der Nabel, färbt die Haut sich gelber,
Und Niedersinken steht bevor uns allen.

Dort geht die Jungfrau unter hohen Buchen
Und pflückt ein dürres Blatt von ihren Zweigen.
Der Dichter möchte hier Vergleiche suchen,
Denn dieses Bildnis stimmt ihn ernst und eigen.

Ihr guten Frauen, wenn ihr herbstlich findet,
Was wohl im Maien lieblich an ihm blühte,
O schenkt ihm noch, bevor er ganz verschwindet,
Schenkt eine Täuschung ihm durch eure Güte!

HYNME ZUM 100. OKTOBERFEST

Lasset uns, ihr edlen Bayern
– Untertanen! Publikum! –,
Mit gehobnen Herzen feiern
Dieses stolze *saeculum*!

Hühner-, Gäns- und Heringsbrater,
Heute seid ihr *centenar*!
Dank so manchem Landesvater,
Der euch mild gewogen war.

Stier- und Sau- und Ochsentreiber,
Heute fühlt euch vaterländ'sch!
Brezelfrauen! Radiweiber!
Jedes alte Kuchelmensch!

Schweige jeder Widersacher!
Denn noch blühet sie uns frisch:
Treue für die Wittelsbacher,
Wiesenmaß und Steckerlfisch!

Nein! Noch ist es keine Lüge,
Daß man treu und bieder denkt!
Hebet hoch die Literkrüge,
Mit drei Quarteln eingeschenkt!

ALLERSEELEN

Nun welkt, was einstens grün war, Philippine,
Nach dem Gesetze der Vergänglichkeit
Weist die Natur uns ihre Sterbemiene.
Auch uns, Geliebte, droht es seinerzeit!

O schaue rings um dich! Mit ernsten Lettern
Schreibt es der Herbst in unser Lebensbuch:
Wir werden nach und nach uns ganz entblättern,
Dann, Philippine, kommt das Leichentuch.

Steh dort am Rand des Waldes: Immer gelber
Färbt sich die Linde; gestern war sie grün.
Und sprich, Geliebte, merkst du es nicht selber,
Daß unsre Triebe minder heftig glühn?

Die Glocken läuten dumpf. 's ist Allerseelen.
Man wendet seinen Sinn den Toten zu.
Wie bald wird eines von uns beiden fehlen!
Entweder ich – entweder oder du!

BEIM WEIN

Ihr Herrn, nun will es mich bedünken,
Es solle wieder Frieden sein;
Wir dürfen in Behagen trinken
Den 1911er Wein.

So laßt uns schnell die Mäuler stopfen,
Daß uns kein Federheld erschreckt,
Weil immerhin der edle Tropfen
Nur einem Ruhevollen schmeckt.

Und Heimatliebe, will ich sagen,
Sei uns wie dieser edle Saft!
Soll heiße Glut verborgen tragen
Und eine stille, klare Kraft.

MÜNCHNER KARNEVAL

Lustige Verse
von
Ludwig Thoma

Albert Langen, München 1913

DAS ABENTEUER DES GYMNASIALLEHRERS

In Freising lebte ein Professer,
Der nicht aus Zufall Josef hieß;
Nein, er verdient den Namen besser
Durch alles, was er unterließ.

Ein Philolog' und deutscher Gatte,
Kannt' er die Liebe nur als Pflicht,
Die Zweck zur Volksvermehrung hatte,
Doch keine andern Reize nicht.

Nun hörte er von den Kollegen,
Wie man in München sich ergötzt.
Er war schon im Prinzip dagegen,
Und war im Vorhinein verletzt.

Er suchte gleich in diesen Bildern
Den eigentlichen Wesenskern,
Um sie mit Abscheu dann zu schildern;
Denn alles andre lag ihm fern.

Doch als er sich damit befaßte,
Beschloß er auch, dorthin zu gehn,
Um dieses Treiben, das er haßte,
Sich einmal gründlich anzusehn.

Und so kam Josef an die Stätte,
Wo Bacch- und Venus sich vereint,
Wo unsre Scham – wenn man sie hätte –
Am Grabe unsrer Unschuld weint.

An hundert hochgewölbte Büsten
Umtanzen uns und drängen her,
Und will man h i e r sich recht entrüsten,
So sieht man d o r t schon wieder mehr.

Die Sittlichkeit ist hier nur Fabel,
Und jeder merkt, hier weilt sie nie.
Das Auge schweift bis an den Nabel,
Und weiter schweift die Phantasie.

Ein Rausch kommt über Josefs Sinne,
Und ihn ergreift ein Schönheitsdurst.
Mit einmal sind ihm deutsche Minne
Und deutsche Treue ziemlich wurst.

Er stürzt sich in die Freudenwoge
Und fragt ein Mädchen: »Willst auch du?«
Sie sagt: »Sie sind wohl Philologe?
Man kennt's am abgelatschten Schuh;

In Ihrem Barte hängen Reste
Von Linsen und von Sauerkohl!
Ich danke Ihnen auf das beste,
In mir – da täuschen Sie sich wohl?«

Mein Josef konnte es nicht fassen,
Was seiner Tugend widerfuhr;
Er wollte sie herunterlassen –
Und dem Geschöpf mißfiel es nur!

Schon fühlt' er Ekel vor dem Treiben
Und fühlt' sich von Moral umweht;
Man kann ja niemals reiner bleiben,
Als wenn ein Mädchen uns verschmäht.

Indessen war im Schicksalsfügen
Für Josef Härtres aufgespart.
Er stürzte nochmal ins Vergnügen
Und kämmte vorher seinen Bart.

Das zweite Mädchen – angesprochen –
Hatt', etwas minder preziös,
Mit manchem Vorurteil gebrochen
Und sagte bloß: »Ach, Sie sind bös!«

Sie hatte einen, der bezahlte,
Er hatte einen Domino,
Mit dessen Gunst er sichtlich prahlte,
Und beide waren herzlich froh!

Wie ein Moralprinzip verschwindet
Selbst aus dem stärksten Intellekt,
Wenn man ein hübsches Mädchen findet
Und eine Flasche guten Sekt!

Auch Josef mußte dies erfahren,
Und an sich selbst sah er die Spur
Der ewig gleich unwandelbaren,
Das All beherrschenden Natur.

Schon wollt' er sich im Walzer drehen
Und sucht' im Tanze den Genuß;
Doch mußte er sich eingestehen,
Daß man auch dieses lernen muß.

Er mühte schwitzend sich im Kreise,
Er drehte sich nach rechts und links,
Versucht's auf die und andre Weise
Und fand's unmöglich schlechterdings.

Er wußte zwar von den Hellenen,
Wie man im Auftakt sich bewegt,
Doch lernt' er leider nicht bei jenen,
Wie man das Schwergewicht verlegt.

Mit stattlichem Gelehrtenschuhe
Trat er dem Mädchen auf die Zeh';
Sie bat ihn flehentlich um Ruhe,
Denn auf die Dauer tut es weh.

So blieb ihm nichts mehr, als zu trinken;
Er war Germane, und er trank
Und durft' in Seligkeit versinken
Mit seinem Mädchen, und versank.

Er dacht' an Bacchus und Tribaden,
Wie so der Wirbel um ihn schwoll;
Schon fühlte er die zarten Waden,
Und wurde glücklich, – wurde voll.

Es jauchzt um ihn mit gellen Tönen,
Ein jeder Busen atmet wild,
Die Haare lösen sich der Schönen,
Und immer wilder wird das Bild.

So hat es Juvenal beschrieben!
So hat es Martial geschaut!
Ein Prosit allen, die sich lieben!
Und Evoë für jede Braut!

Was ist Moral! Nur eine Blase,
Steigt kränklich im Gehirne auf.
Die Sünde kommt uns in die Nase
Und nimmt von selber ihren Lauf.

Et cetera! So ging es weiter.
Was hilft die Philologenzunft?
Auch Professoren werden heiter
Und werden wild in ihrer Brunft.

Nach so viel Sekt und Süßigkeiten
Schmeckt uns die Weißwurst und das Bier.
Der Abschluß ist das Heimbegleiten
Für jedes Paar. Warum nicht hier?

Auch Josef saß in einem Wagen
Und fühlte, wie an ihn sich preßt,
Was hier nicht unbefangen sagen,
Doch sich sehr einfach denken läßt.

Er fühlte seine Pulse hämmern,
Doch wußt' er nicht, was sonst geschah;
Denn seinen Sinn umfing ein Dämmern,
Daß er nichts mehr Genaues sah.

Er stolpert hastig über Stiegen
Und fällt auch irgendwo ins Bett,
Und muß sehr lang darinnen liegen –
Das übrige war wundernett.

Er hat die Zeit bis Abends sieben
Bei diesem Mädchen zugebracht,
Und fuhr alsdann zu seinen Lieben
Nach Freising etwa um halb acht.

Als er daheim nun angelangte,
War er von solcher Müdigkeit,
Daß seine Frau um ihn sich bangte;
Sie macht' das Bett für ihn bereit.

Und Josef hat sich ausgezogen
Und sprach, daß er erkältet sei,
Und hat noch dies und das gelogen,
Denn eine Frau frägt vielerlei.

Daß Lügen kurze Beine tragen,
Das zeigte sich hier wunderbar;
Denn Josef ward so ganz geschlagen,
Daß hier für ihn kein Ausweg war.

Er trug – da gibt es kein Entrinnen
Und kein Erklären so und so –
Er trug aus duftig weißem Linnen
– – Das Höschen seines Domino – –!

DER TANZ

Das Tanzen gilt als ein Vergnügen,
Bei dem sich zwei zusammenfügen,
Und sich – statt gradeaus zu gehn –
Nach links und rechts im Kreise drehn.

Wenn wir sein Wesen recht erkennen,
Wird man das Tanzen A r b e i t nennen,
Man hat den triftigsten Beweis
In dem dabei vergoßnen Schweiß.

Hier untersucht nun der Gelehrte:
Zum ersten schafft sie keine Werte,
Zum zweiten aber hat davon
Der Arbeitnehmer keinen Lohn.

Er dreht von acht bis morgens fünfe
Und immer gratis eine Nymphe.
Dies bildet doch ein Unikum!
Und deshalb frage ich: warum?

Erfolgt es wirklich unentgeltlich?
Geschieht es nicht doch vorbehältlich?
Entledigt man sich seines Specks
Ganz ohne Hinblick eines Zwecks?

Hier ist der Angelpunkt der Frage,
Und ihre Lösung tritt zutage:
Der Tänzer leistet nur so viel
In Hoffnung auf ein Nebenziel.

Es kann sich jede Nymphe denken,
Wenn Männer sie im Kreise schwenken,
So hofft er schließlich, daß vielleicht
Er das Betreffende erreicht.

Es gibt natürlich Unterschiede:
Der eine sucht es *bona fide*,
Der andre will als Schmetterling
Die Blume ohne Ehering.

Im Bürger- und Familjenkränzchen
Verbirgt der Teufel schlau sein Schwänzchen,
Auch ist die Mutter nah dabei,
Damit es niemals lüstern sei.

Man hält sich zart in der Bewegung,
Man unterdrückt die schlimmste Regung
Und ist voll Ernst, indem man spricht
Von Ideal, Beruf und Pflicht.

Beim Walzer hält man sich manierlich,
Nie leidenschaftlich, immer zierlich.
Das Zeichen, daß man sich was denkt,
Ist auf den Händedruck beschränkt.

Das Auge schweift voll Seelenadel
Kaum einmal auf die Busennadel,
Und stößt im Drehen Bein an Bein,
So muß es unversehens sein.

Der Ball der gut erzognen Töchter
Dient auch zum Finden der Geschlechter,
Doch sucht hier alles die Partie;
Die Sinnenfreude sucht man nie.

Die Mädchen sind bloß »heimzuführen«
Und deshalb ausgestellt. Berühren
Darf sie der Käufer hinterdrein.
So ist's reell und sittenrein.

Wie anders denkt man auf dem Lande
Beim kernhaft echten Bauernstande!
Hier prüft man erst den Vorgeschmack
Und kauft die Katze nicht im Sack.

Hier kann man schon den Zweck verstehen,
Wenn sich im Dorf die Paare drehen.
Des biedern Burschen große Hand
Ruht auf dem schönsten Gegenstand.

Dort, wo es sich nach hinten rundet,
Hat er durch festen Griff erkundet,
Daß mancherlei vorhanden ist,
Was er nicht gerne hier vermißt.

Sein starker Druck gilt ihr als Zeichen,
Er möchte erst noch mehr erreichen.
Sie lacht. Geschlossen ist der Bund.
Ich heiße dieses kerngesund.

Hat sie ein nettes Tanzvergnügen,
Warum soll er nicht seines kriegen?
Und trinkt sie mit von seinem Bier,
So wär' es auch nicht schön von ihr.

Ja, meine Herrn, das ist doch sicher
Viel edler und viel säuberlicher,
Als, den ich oben erst beschrieb,
Der Heirats- und Versorgungstrieb!

Und sprecht mir nicht von Ehrbegriffen!
Aufs Standesamt ist schon gepfiffen,
Natur genügt uns auch allein;
Nicht alles muß gestempelt sein.

In Schwabing auf dem Bauernballe
Begegnet man dem gleichen Falle.
Das Künstlervolk denkt auch so groß
Und ehebundsbedürfnislos.

Dem Malweib in Reformkostümen
Ist das besonders nachzurühmen.
Die Malerin braucht kein Papier,
Der Amor kommt auch so zu ihr.

Sie geht zum Ball als Gänseliesel;
In kurzen Hosen kommt der Hiesel,
Mit rauhem Griffe packt er sie
Und hat schon ihre Sympathie.

Ein Juhschrei und ein falscher Schnalzer,
Dann dreht er sie im wilden Walzer
Und merkt beim ersten Schritt: Wie nett!
Das Mädel hat ja kein Korsett!

Und was ihm da entgegenschwabbelt,
Ist wunderhübsch; das kribbelt, krabbelt
Und macht ihm einen Hochgenuß,
Daß er sie schleunig küssen muß.

Und rechts und links ein wildes Stampfen,
Die Paare drehn, die Paare dampfen,
Beim Liesel hüpft es hin und her,
Der Hiesel spannt's und freut sich sehr.

Die rechte Hand verirrt sich schmeichelnd,
Ganz unvermerkt den Busen streichelnd,
Und Liesel duldet's ohne Groll,
Sie schaut verwirrt und seelenvoll.

Die Tour ist aus. Die Malerinnen
Sind nun schon alle fast von Sinnen,
Die Liebe schwillt, die Sehnsucht platzt,
Daß Lippe fest auf Lippe schmatzt.

Dann eine Maß in Kellerräumen;
Man heißt den Zustand »Selig träumen«,
Wenn er ihr Bein berührt, damit
Sie ihn auf seinen Plattfuß tritt.

Der Biergenuß kann's nur verschlimmern,
Wie immer bei den Frauenzimmern,
Und Liesels Augen werden feucht,
Der Hiesel weiß: es ist erreicht.

Schon wird sie kühn und ausgelassen
Und läßt ihn dies und jenes fassen.
Sie schmilzt in heißem Liebesdurst,
Der Ehrbegriff ist ihr schon wurst.

Und wird der Hiesel sie verstehen,
Dann kann er jetzt nach Hause gehen.
Die Welt erlebt ein Ärgernis
Mit Sündenfall und Apfelbiß.

Sie schleichen still im Morgendämmern
Durch Schwabing. Ihre Pulse hämmern,
Sie stehen schon vor seinem Haus.
Schutzengel, komm! Sonst ist es aus.

Der Engel, ach! ist ausgeblieben,
Das andre denkt euch, meine Lieben!
Im vierten Stock ein Atelier
Und bloß ein schmales Bett – adje!

LILLY

Sie stammte wohl aus Hamburgs Mauern,
Das dorten an der Elbe liegt,
Und hat zu mancher Leut' Bedauern
In München hier ein Kind gekriegt.

Die Mutter als gebor'ne Holle
Vermählte sich mit Menk & Sohn;
Er handelte *en gros* in Wolle,
Und Lilly war das Kind davon.

Bemerkt sei, daß der Elternvater
– Und zwar derjen'ge mutterseits –
Auch mitregierte als Senator,
Vor siebzig Jahren schon bereits.

In einer solchen Geldfamil'che
Kann nur der Anstand heimisch sein;
Man zieht ihn mit der Muttermilche
Als selbstverständlich mit hinein.

Es war nun Lilly auch in Liebe
Zur schönheitsreichen Kunst entbrannt,
Und sie entwickelte die Triebe
Teils ölgemalt, teils angewandt.

In solchen Fällen des Talentes
Zieht alle Welt nach München her,
Zum Studium des Ornamentes,
Zur Kunst im Handwerk in die Lehr'.

Auch Lilly Menk war angekommen
Voll Eifer und Bemalungssucht.
Wie hat ein Ende es genommen
Mit illegaler Leibesfrucht?

Wenn man 'nem Kind das Beste bietet,
Dann glaubt man, es wird keusch und klug;
Doch Lilly hat sich eingemietet
In Schwabing, und das sagt genug.

Hier ging sie zu dem Malprofesser,
Wo sie den Geist der Kunst erfuhr,
Das Stilgefühl als Schönheitsmesser,
Die Ohrenschneckenhaarfrisur.

Auch sonst begann sie sich zu ändern,
Als an der Freiheit sie genippt,
Sie ging jetzt in Reformgewändern,
In denen leicht der Busen schwippt.

Und mit den andern Kunstbefliss'nen
Versank sie tiefer in den Sumpf,
Ging öfter aus mit 'nem zerriss'nen
Und durchgebrochnen Seidenstrumpf.

Sie trug mit größter Seelenruhe,
Noch eh' ein Vierteljahr verging,
Die abgelatschten Knöpfelschuhe
Und achtete es ganz gering.

Ein Weib verliert den Grundcharakter,
Wenn es den Ordnungssinn verliert;
Die Tugend scheint ihm abgeschmackter,
Sein fester Halt wird demoliert.

Man sieht es bald ins Laster hüpfen
Mit einem kühnen Sprunggelenk.
Nun lasset mich den Schleier lüpfen
Von unsrer armen Lilly Menk!

Sie nahm sich Atelier und Zimmer
Im vierten Stock mit eigner Tür,
Da gibt Gelegenheit sich immer
Zu der und jener Ungebühr.

Erst wußte sie wohl selbstverständlich,
Da sie aus Hamburg war, es nicht:
In dieser Stadt ist unabwendlich
Die Keuschheit eine Lebenspflicht.

In München ist es nicht dasselbe,
Hier kann man vieles eher tun,
Als wie in Hamburg an der Elbe
Als unerfahr'nes dummes Huhn.

Es war gerad' in jenen Tagen,
Da sich der Karneval erhob,
Wo das Vergnügen sozusagen
Sich in die Mädchenherzen schob.

Redouten, Bälle, Künstlerfeste,
Der *Bal paré* noch obendrein,
Wie kann dagegen selbst die Beste
Und Keuscheste gepanzert sein?

Nicht weit von ihr wohnt' ein Schlawiner,
Ganz ohne Geld und Broterwerb,
Sein Vater wirkte als Rabbiner,
Er selbst war nichts als bloß ein Serb'.

Doch trug er lange, schwarze Haare
Und eingeschmiert mit Nierenfett.
Ein Mädchen sieht darin das Wahre
Und findet es auch wundernett.

Sein Angesicht war nicht gewaschen,
Doch lag darin ein stiller Schmerz;
Der kam von leeren Hosentaschen
Und rührte jedes Frauenherz.

Man muß dazu aus Hamburg stammen
Und unverstand'nes Mädchen sein,
Dann steht man gleich in hellen Flammen
Für ein Schlawinermoschusschwein.

Wenn nur die Reinlichkeiten fehlen,
Was liegt der Malerin daran?
Für hochgestimmte Künstlerseelen
Ist Seife bloß ein leerer Wahn.

Nach diesem hier Vorausgeschickten
Will ich bemerken, daß sie sich
Zum erstenmal ins Auge blickten
Bei Klarinett und Geigenstrich.

Bei einem Künstlerlumpenballe
Ergab sich dieses Resultat,
Daß Lilly Menk in ihrem Falle
Vom Unschuldspfad danebentrat.

Ach Gott! Man kann im großen ganzen
Die armen Mädchen schon verstehn,
Wenn die Prinzipien beim Tanzen
Bei ihnen aus dem Leime gehn.

Das junge Blut muß sich erhitzen,
Das Herz ist sowieso entblößt,
Und bei dem fortgesetzten Schwitzen
Wird schließlich alles aufgelöst.

Und die verfluchten Walzertakte!
Die sind die rechte Melodie
Zum illegalen Trauungsakte
Und zur verbot'nen Lustpartie!

Wer dieses einmal recht begriffen,
Das Tralala im Wiegeschritt,
Hat auf die Tugend bald gepfiffen
Und gibt sie preis, i gitt, i gitt!

Als Lilly sich an Mirko drückte,
Vergaß sie alles ganz und gar,
Was sich für sie und Hamburg schickte,
Und was ihr früher heilig war.

Sie spitzte ihre Rosenlippen,
Er spitzte auch sein fettes Maul,
Die Unschuld mußte überkippen,
Die Keuschheit war im Kerne faul.

Und Walzer, Schottisch und Française,
Ein Knutschen hier, ein Knutschen dort,
Wie sich das alles sachgemäße
Entwickelte so fort und fort!

Sie saßen in der großen Pause
Schon hinter einem Tannenbaum.
Zuletzt ging er mit ihr nach Hause,
Und da begann ihr Liebestraum.

Vorbei war's mit den Stilgefühlen,
Sie mußten schweigen. Vorderhand
Hat sie die Kunst nicht mehr an Stühlen
Und an Kommoden angewandt.

Für Teppich- und Tapetenmuster
Erlosch ihr Malerinnensinn,
Sie liebte täglich unbewußter
Und sah das wahre Glück darin.

Sie sprach nicht mehr von Farbenflecken,
Nicht mehr von »echt«, nicht mehr von Kitsch;
Sie wollte nur zusammenstecken
Mit Mirko Stanko Dobrowitsch!

Den Schluß kann man sich selber denken;
Von sowas kommt ein Kind davon,
Doch schwerer ist's, sich zu versenken
In das Gefühl von Menk & Sohn.

Die Mutter als gebor'ne Holle
War trostlos oder desperat
Und wußt' nicht, was sie sagen solle,
Daß i h r e Tochter so was tat!

Als Enkelin von 'nem Senater
Jetzt eine Serbengroßmama!
Und ähnlich dachte auch der Vater,
Sobald er die Bescherung sah.

Indes, man muß es mal goutieren,
Und wenn es noch so häßlich röch'!
Und muß die Sache korrigieren
Vielleicht durch eine Hochzeit? Nöch?

Nun wurde Lilly eine Serbin,
Denn Mirko dachte sich als Mann,
Daß man mit Geld und einer Erbin
Am Ende schöner leben kann.

Wie lange sie am Honig schlürfen?!
Und was es für ein Ende nimmt??!
Doch, daß sie n i c h t nach Hamburg dürfen,
Das weiß ich heute schon bestimmt.

FAMILIE RAMLER

Herr Ramler war in München Rentner.
Er wog die zwei bekannten Zentner
Und wohnte in der Lindwurmstraß',
Wo er dazu ein Haus besaß.

Sein Barvermögen, wie sie sagen,
Hat vierzigtausend Mark betragen,
Das ist verzinst mit vier Prozent
Ganz hübsch. Und Ramler war solvent.

Er war nicht tätig und geschäftlich
Und auch nicht arbeitsleidenschäftlich,
Er nahm den Mietzins pünktlich hin
Und steigerte auch manchmal ihn.

Er ließ sich jeden Tag verlocken
Zu Tertel, Schaffkopf und Tarocken,
War bei drei Kegelabend' und
Beim Zimmerstutzenschützenbund.

Ich dächte, hiemit sei gegeben
Der Inhalt von Herrn Ramlers Leben.
Und sie – was seine Frau betraf –
Hieß Zenzi und geborne Graf.

Sie war natürlich neununddreißig,
In ihrem Fache auch so fleißig
Wie seinerseits der Herr Gemahl,
Der Gatte ihrer frühern Wahl.

Fast als der Inhalt von zwei Blusen
Erschien ihr ungeheurer Busen.
Für jemand, der die Fülle liebt,
Der schönste Anblick, den es gibt.

Und dann die Rundung unterm Rücken
War meterweise ein Entzücken,
Im Geiste legt' man seine Hand
Auf dieses schöne Wunderland.

Man kann sich denken, daß ihr Gatte
Nicht viel Verständnis für sie hatte,
Nach zwanzig Jahr' bleibt nichts zurück
Vom Feuer und vom Eheglück.

Sie war, wie viele, unverstanden,
Das heißt, es kam ihr auch abhanden,
Der Honig, der ihr lieblich schien,
Und sonstiges von ihrem Bien.

Der Ehe waren auch gelungen
Zwei Töchter mit Befähigungen,
Die Zenzi zählte achtzehn Jahr,
Als Fanny kaum noch siebzehn war.

Sie waren beide rund entwickelt,
Nur daß die Fanny stark gepickelt
Von saurem Blute schien, und wohl
War schuld Papa sein Alkohol.

Der Grundcharakter der Erscheinung
War nach der allgemeinen Meinung
Der von Mama, sehr rund und nett,
Entwicklungsfähig im Korsett.

Den ditto hinteren Partien
War jetzt schon mancher Reiz verliehen,
Sie gaukelten im Zukunftsbild
Als angenehmstes Lustgefild.

Soweit nun alles, was persönlich
Den Leser int'ressiert. Gewöhnlich
Hat die Familie zweckbestrebt
So mühelos als froh gelebt.

Am Vormittag beim Franziskaner,
Am Nachmittag dann nach getaner
Verdauung eine Tass' Kaffee.
So ähnlich war die Grundidee.

Des Abends ging dann ins Theater,
Was weiblich war, indes der Vater
Die Bettschwer' sich durch Bier verschafft'
Und fünf, sechs Schoppen Rebensaft.

Des Nachts kam Amor an die Betten.
Vielleicht, daß ihn die Töchter hätten
Begrüßt, doch waren sie noch dumm.
Der Vater drehte sich bloß um.

Mama sah ihn mit Seufzen wandern
Vermutlich hin zu einem andern,
Der dankbar sich dem Gott erschloß
Und nicht mit Zimmerstutzen schoß.

In dieser bürgerlichen Weise
Verbrachte man in Ramlers Kreise
Den Tages-, Wochen-, Mondenlauf.
In diesem Jahre hört' es auf.

Und zwar, wie stets am Isarstrande,
Kam das Verderbnis nun zustande
Im Karneval. Es war auch hier,
Wie immer, doch es waren vier.

Begonnen hat es bei der Mutter.
Sie war zu reif, zerging wie Butter
Am Feuer eines Augenblicks.
Fast ohne Walten des Geschicks.

Ihr Mann war wieder beim Tarocken,
Da konnte sie sofort verlocken
Ein Mensch von Schmederers Ballett.
Sie schwamm in Glück und er im Fett.

Der Sündenfall war unabwendlich
Und er geschah so selbstverständlich,
Als wenn es wirklich gar nichts wär';
Sie dachte ebenso wie er.

Und dachte an den Zimmerstutzen;
Das war ihr hinterher von Nutzen
Zu ihrer Selbstentschuldigung
Bei diesem ersten Seitensprung.

Merkwürdig doch, wie oft wir sehen
Das gleiche gleicherzeit geschehen,
Dies heißt dann wohl Duplizität
Der Fälle, wer sowas versteht.

Als Zenzi fiel, am gleichen Tage
War Ramler in derselben Lage,
Und glaubte, daß die Lumperei
Allein auf seiner Seite sei.

Das reizt so manche Gänseriche
Fast stärker wie das Eigentliche;
Die Sünde liegt im Intellekt
Und schwelgt in nichts als wie im Sekt.

Es war, vermittelst auch des Sektes,
Ein Sündenfall des Intellektes,
Und Ramler freute sich am Schein,
Ein lüderlicher Mensch zu sein.

Ihm diente förmlich zur Reklame
Das aufgeputzte Mensch, die Dame,
Mit der er so umschlungen saß
Und irgend etwas Teures fraß.

Den Schluß des Abends zu erraten,
Ist unschwer. Daß er noch in Taten
Der Schlechtigkeit zu Ende ging,
Die Meinung hiefür ist gering.

Jedoch der Wille und Versuche
Gereichen ebenso zum Fluche,
Weil immerhin, sagt der Jurist,
Die Absicht schon verwerflich ist.

So war nun Zenzi nebst dem Gatten
Auf schiefem Weg', und beide hatten
Die Schuld an dem verbotnen Gift,
Was ihre Töchter anbetrifft.

Er nicht daheim, sie auf dem Balle –
Du lieber Gott, in diesem Falle
Denkt sich ein Kind und sagt für sich:
Ich mach' es nach, und warum nich?

Für Zenzi gab sich ein gelockter
Student, ein sogenannter Dokter,
Mit so viel Dummheit eingefaßt,
Wie es für junge Mädchen paßt.

Im Anfang schüchtern, später frecher,
Zuletzt ein Sittlichkeitsverbrecher,
Zuerst ein froher Jugenddrang,
Dann zielbewußter Wachtelfang.

Erst sträubte sich die arme Trude,
Dann saß sie doch in seiner Bude;
Der Engel, der sie stets beschützt,
Entfernte sich, weil er nichts nützt.

Sie ging mit einer absoluten
Verwegenheit schon auf Redouten
Und sah als flotter Domino
Den Vater einmal irgendwo.

Und alles, was sie da bemerkte,
War so, daß es sie noch bestärkte.
Wie schnell entgleitet aus der Hand
Das zärteste Familienband!

So ging's bei Ramlers im Terzette.
Was aber, frag' ich, ja, was hätte,
Nun Fanny noch zurückgedrängt,
Wie sie an diesem Abgrund hängt?

Ein Zahnarzt war es, der die Ärmste
Durch Güte und aufs allerwärmste,
Fast väterlich darum beschwor,
Daß sie den Tugendpreis verlor.

Der Habicht wird nur desto kühner,
Wenn eins der sanften, guten Hühner
In seinen Krallen ängstlich hupft.
Die Federn werden ausgerupft.

Das »Wie« erlaßt mir, euch zu schildern.
Es führte nur zu solchen Bildern,
Daß jemand mit bewegter Hand
Sie hinterlegt' als Denunziant.

Kurz: Fanny war die Pfirsichblüte
Von duftender Charaktergüte,
Und war entblättert und gepflückt,
Wie es so manchem Zahnarzt glückt.

Der Maler der Familie Ramler
Wird sozusagen Lumpensammler,
Die beiden Töchter, sie und er,
Wer schlechter ist? Die Wahl ist schwer.

Was dann? So frägt man tief in Sorgen;
Wie wird die Zukunft, wird das Morgen?
Wie kann es gehen? frag' ich mich.
Ich glaube, ziemlich sengerich.

Die Mutter ist nun schon im Schusse,
So weit von ihrem Geniusse,
So weit von ihrem alten Glück.
Die Alte findet nicht zurück.

Der Vater bleibt – das läßt sich denken –
Ein Lump, bis er in den Gelenken
Die Gicht verspürt. Am Marterpfahl
Wird er wohl fromm und klerikal.

Die Töchter werden sich entwickeln
In wilder Lust. Von ihren Pickeln
Wird Fanny im Gesichte frei.
Die Seele? Das ist zweierlei.

Hier kann nichts Gutes mehr entsprießen.
Papa wird zimmerstutzenschießen;
Die Mutter läßt es gern geschehn,
Sie achtet's nicht und denkt an wen.

Verlassen wir die öde Stätte!
Wenn jeder Mensch die Tugend hätte,
Die uns von selber innewohnt,
Dann würde sie nicht so belohnt.

GEDICHTE

Aus: »Gesammelte Werke.
Band 1:
Ausgewählte Gedichte.«

Albert Langen, München 1922

NEUJAHR BEI PASTORS

Mama schöpft aus dem Punschgefäße,
Der Vater lüftet das Gesäße
Und spricht: »Jetzt sind es vier Minuten
Nur mehr bis zwölfe, meine Guten.

Ich weiß, daß ihr mit mir empfindet,
Wie dieses alte Jahr entschwindet,
Und daß ihr Gott in seinen Werken
– Mama, den Punsch noch was verstärken! –

Und daß ihr Gott von Herzen danket,
Auch in der Liebe nimmer wanket,
Weil alles, was uns widerfahren
– Mama, nicht mit dem Arak sparen! –

Weil, was geschah, und was geschehen,
Ob wir es freilich nicht verstehen,
Doch weise war, durch seine Gnade
– Mama, er schmeckt noch immer fade! –

In diesem Sinne, meine Guten,
Es sind jetzt bloß mehr zwei Minuten,
In diesem gläubig frommen Sinne
– Gieß noch mal Rum in die Terrine! –

Wir bitten Gott, daß er uns helfe
Auch ferner – Wie? Es schlägt schon zwölfe?
Dann prosit! Prost an allen Tischen!
– Ich will den Punsch mal selber mischen.«

DER NEUE MÜNCHNER KARNEVAL

Man wünscht an hoher Stelle nicht mehr, Nanni,
Daß Sie den Hintern augenfällig drehn,
Man will auch Ihren Busen, Fräulein Fanny,
Von fremder Hand nicht mehr geschmeichelt sehn.

Die Ausgelassenheiten beim Gepolke,
Sie werden oben unliebsam bemerkt;
Man wünscht energisch, daß im niedern Volke
Die strenge Zucht sich wieder mehr bestärkt.

Man möchte diesbezüglich Gutes stiften;
Der eingeriss'ne Mißbrauch ist zu roh,
Und man veranlaßt Polizeivorschriften
Betreffs Bewegungen für den Popo.

Und wieder durch geeignete Organe
Wird die Beachtung dieser überwacht,
Damit der tanzbefliss'ne Untertane
Legal die ihm erlaubte Drehung macht.

Das Auge des Gesetzes, liebe Fanny,
Wenn es auf Ihrem Hintern strenger ruht,
Es handelt nur zu Ihrem Wohle, Nanni!
Man meint es Ihnen und dem Volke gut.

DAS ÄRGERNIS

Was ist das doch in diesen Tagen
Ein Summen, Surren, Hasten, Jagen!
Am Boden welch ein froh Gewühl!
Ein jeder Käfer zeigt Gefühl
Und muß sein Weibchen wild umfassen.
Die ganze Welt ist ausgelassen,
Und jedes Tier begreift sein Leben
In Liebe nehmen, Liebe geben.
Das ist ein Werben, Jubeln, Klagen
In diesen schönen Frühlingstagen!

Ein Ochse steht am Wiesenrand,
Und sein kastrierter Viehverstand
Muß unberührt von diesem Treiben
Und dieser Sinnenfreude bleiben.
Er fühlt im Fressen sich gestört
Von allem, was er sieht und hört.
Da wird gejagt und wird getanzt
Und sich ganz einfach fortgepflanzt!

Das unbekümmerte Gewühl
Verletzt sein tiefstes Schamgefühl.
Wie kann es nur der Schöpfer sehen;
Daß solche Dinge hier geschehen?!
Ihm kommt es ganz abscheulich vor,
Und klagend blickt sein Aug' empor.
– Ja, ja! Man sieht's dem Ochsen an:
Das Rindvieh ist ultramontan.

DER ALTE JÄGER

A Herbst, so staad, so warm und klar,
So schö, wie's lang scho nimma war,
Und Hirschbrunft. O du liabste Zeit,
Bal's rund auf alle Alma schreit!
Vom Berg hallt's langaus übers Tal,
Hab's oft scho g'hört – und 's erste Mal,
Da hat's mi aa net bessa g'freut
Als wia mi alt'n Jaga heut. – – –

Dös erste Mal! O mei, dös is
Scho lang! A Jahr' a fufzgi gwiß.
Ja, selm Mal war i no im Schwung
Und war so dumm und war so jung!
Wia hat si 's Leb'n anderst g'schaugt
Und war so schö und hat ma taugt!
An Herrgott hätt' i d' Welt o'kafft
Und mit'n Teufi hätt' i g'rafft.
A Hirsch kunnt aa net frischa sei,
Als wia'r i g'wes'n bi. O mei,
Was bin i selm mal umma g'rennt!
A jede Sennd'rin hab' i kennt.
Wia hat's mi selm mal umma trieb'n!
Bei oana – bin i hänga blieb'n.
A Wei, a Kind, a Sorg, a Haus –
Und mit'n Lüftisei' war's aus.
Und g'scheida werst und kimmst in d' Jahr,
Na bist auf oamal aus da G'fahr.
Da brauchst na gar koan Angst net z' hamm,
Denn 's Dummsei' bringst scho nimma z'samm.
An alta Hirsch, der sell setzt z'ruck
Und laßt de junga bei de Stuck.

DAHOAM

So freut's mi erscht, wenn's drauß'n schneibt
Und wenn's da Sturm recht grimmi treibt,
Daß i beim Ofa hock. Es hört si guat
Und g'müatli o, wia's drauß'n tuat,
Ja, pfeif no schiach und schüttel 's Haus,
Mei liaba Wind! I geh net naus,
Und host as no so schlecht an Sinn,
Mir kost nix toa. I bleib herin.
Gel, freili, waar i drob'n am Berg,
Da kamst mir jetzt so übazwerg
Und fahrast ma in Bart und Haar
Und tatst mi beuteln ganz und gar
Und schmeißast ma an Schnee ins G'sicht,
Recht grob halt, gel? So waarst du g'richt.
Mi freut dei Wuat. I loos' da zua
Und raach mei Pfeif und hab mein Ruah.
Siehgst, da beim Ofa, da is fei,
Da fall'n ma jetzt de Gamsböck ei,
De wo i g'schoss'n hab und g'feit.
I steig durch Graab'n und üba d' Schneid
Und siech's no mal lebendi wern,
Und alle schiaß i wieda gern,
De g'feit'n aa. De sell'n erst recht,
I denk ma, bal's mi nomal möcht,
I wissat's guat jetzt, wia ma's macht,
So kam i ab, und so hätt's kracht,
Da bin i gmüatli unter'm Lieg'n
Weit über alle Berg ausg'stieg'n
Und g'spür koan Wind und loos' eahm zua
Und raach mei Pfeif und hab mein Ruah.

REITERLIED

Trompeter blasen in der Fruh,
Mein lieber Schatz und ich und du,
Ich muß aus deinen Armen
Und muß aus deinem warmen
      Ja Bett.

So lebe wohl und du und ich,
Wir lieben uns herzinniglich,
Daß du und ich und beide,
Daß man die schönste Freude
      Ja hätt'.

Wann morgen der Trompeter blast,
Ob du schon einen andern hast
In deinen schönen Armen
Und auch in deinem warmen
      Ja Bett?

IM MANÖVER

»Madl, geh, schneid net um,
Mach' mir a Freid!
Sei do net gar so dumm,
Sei a weng g'scheit!«

»G'scheit sei, dös möcht'st du scho,
So waarst du g'sinnt!
Moring, da gehst d' davo –
Und i bleib hint.«

»Aba mir hamm's do g'hatt,
Mir mitanand!
Zoag mir dei Liegerstatt,
Hab an Vastand!«

RESERVE

Wie schön ist's, auf dem Platz der Stadt
In Uniform herumspazieren,
Die Würde zeigen, die man hat,
Und exquisiteste Manieren.

Der Helmbusch schwankt, der Säbel klirrt,
Und kriegerisch ist der Assesser.
Ganz martialisch angeschirrt.
Ja, so gefällt er jedem besser.

Zwar ging ihm leider im Büro
Der Magen etwas in die Weite,
Und auf dem Drehstuhl der Popo
Zu unsoldatisch in die Breite.

Doch macht die edle Männerzier
Mit Troddel, Portepee und Klunker
Den Staatsanwalt zum Kavalier,
Den Richter selbst zu einem Junker.

Nur manchmal gibt es ein Problem.
Das Spiel wird ernst. Man soll sich schießen;
Da läßt das heldische System
Sich nicht mehr ungetrübt genießen.

AN TRÜBEN TAGEN
1911

So beweis' mir's einer maulgerecht!
Altes Deutschland, bist du gar so schlecht,
Wie sie nunmehr in den jüngsten Tagen
Allerorten und mit Eifer sagen?

Daß dein Wert in aller Welt nichts gilt,
Daß dich hier und draußen jeder schilt!
Ganz Europa eine Samtgemeinde
Deiner Hasser und ergrimmten Feinde!

Was du willst, ist ehrlich nie gewollt,
Was du tust, hätt'st anders du gesollt,
Stets und überall bist du Karnickel,
Und Herr Harden reist in dem Artikel.

Wenn ich's höre, kommt mir recht in Sinn,
Alte Heimat, wie ich gut dir bin,
Daß mir deine Mängel, die sie schelten,
So viel höher doch als alles gelten!

BETHMANN – HERTLING
1912

Philosoph und Staatenlenker
Ist ein jeder. Dieser kantisch
Angefüllt und protestantisch;
Wenn man will, ein tiefer Denker.

Weihrauchmuffig angeschwängert
Jener. Von Loyolas Kniffen
Seine Denkart angegriffen
Und sein Horizont verengert.

Zwischen beiden angebandelt
Schwebt die Jesuitenfrage,
Und es wird schon dieser Tage
Hinum – herum unterhandelt.

Bethmann mit der deutschen Treue
Nimmt die Sache biederherzig.
Hertling macht es hinterwärtsig
Mit erprobter Römerschläue.

Wer wird nun den Sieg erlangen?
Wetten wir, der Kantbefliss'ne
Ist zuletzt der Angeschiss'ne?
Denn so ist es stets gegangen.

JESUITENDEBATTE
1913

Der Fuchs stand vor dem Hühnerstalle
Und merkte in der Winternacht,
Die Einschlupflöcher waren alle
Just seinetwegen zugemacht.

Da fing er jämmerlich zu klagen
Und bitterlich zu weinen an:
Warum wollt ihr nur mich verjagen,
Der euch doch nie ein Leids getan?

Ihr guten Hühner, hört die Bitte!
Ihr seid so viele, ich allein, –
Der kleinste Platz in eurer Mitte
Genügt, und ich will glücklich sein!

Das Federvieh hat lang beraten
Und manches wohlerfahrne Huhn
Vermeinte, was sie früher taten,
Das würden Füchse immer tun.

Doch gab es viele ganz Gerechte,
Die waren aus Prinzip dafür,
Daß keinem aus dem Tiergeschlechte
Verschlossen bleibe ihre Tür.

Kaum war die weise Tat geschehen,
War von dem ganzen Hühnerhof
Nichts mehr als das Prinzip zu sehen
Und Krallen und ein Federnschwof.

WEHRVORLAGE
1913

Nehmt, was ihr müßt! Wir wollen geben,
Was nötig ist, um frei zu leben.
Doch gilt der Freiheit dieser Zoll,
Dann gebt es auf, zu unterdrücken,
Hier knechten, dort sich sklavisch bücken,
Und nehmt das Maul nicht gar zu voll!

Was not tut, schön, das sagt uns nüchtern,
Gebt's auf, mit Phrasen einzuschüchtern,
Und laßt den Opernheldenton!
Den Brustton einzig wahrer Liebe,
Der höchstgespannten edlen Triebe,
Die alte Leier kennt man schon.

Dem Junker sei das Recht zum Prahlen
Gegönnt, – doch diesmal nur beim Zahlen,
Hier ford're er den Ehrenplatz!
Das bloße arrogante Quasseln,
Das Dicktun und das Säbelrasseln,
Das gilt uns nicht mehr als Ersatz.

Und dann, wie wär's? In diesem Falle,
Wo alle opfern, sei für alle
So wie die Pflicht – das Recht gemein!
Werft auf den Mist die gottgewollte
Abhängigkeit! Und jeder sollte
Nicht weniger als Bürger sein!

EHRLICHER PROTEST
1913

Protektion im Diplomaten-
Dienste!! Nein, wer so was sagt!
Man betrachte doch die Taten
Der Regierung, vor man klagt!

Freilich sind es nur Barone
Oder Grafen, die man nimmt, –
Aber das geschieht doch ohne
Absicht! Nein! Die Wahl bestimmt

Nur die Qualität des Geistes
Und Bewußtsein strenger Pflicht.
Das Verzeichnis nun beweist es,
Huber – Lehmann hat es nicht.

Doch ein Sohn der Itzenplitze,
Wenn ein Rindvieh auch obschon,
Er kommt immer an die Spitze, –
Aber o h n e Protektion.

FESTREDEN

1913

Redner, die ihr Fürsten feiert
Und dabei Bekanntes leiert,
Wißt ihr, wie den Fürstensproß
Euer Mund bezeichnen moß?
So vergeßt es nimmermehr!
Er ist »hehr«.

Was er tut, sind hehre Taten,
Gleichviel, wie sie ihm geraten,
Oder sollte Er geruhn
Fast soviel wie nichts zu tun,
Es ist minder oder mehr
Immer »hehr«.

Hehr sind seine Geistesgaben,
Sollt er auch nicht viele haben.
Was er spricht, ist auch sofort
Immerdar ein »hehres« Wort;
Kurz, im fürstlichen Verkehr
Sagt man »hehr«.

HOCHWÜRDEN
1913

Unser Pfarra is scho plagt,
Und er schind't si, wia ma sagt.
Hockt er net im Landtag drin
Und im Reichstag in Berlin?
Nix wia streit'n, nix wia raffa,
Nix wia in d' Versammlung laffa,
Nix als wia in d' Zeitung schreib'n,
Nix als wia grad' Galle speib'n.
Und dahoam? Da geht's erst recht!
Der an Ruah? Da kennst 'n schlecht.
Muaß er net in sechs Verein
Oder mehra Fürstand sein?
Burschen-, Männer-, Jungfernbund,
Chrischtli Bauern, G'sellen und
Beim Verein für gute Wahl'n,
Preßverein und überall'n?
Und er schnüffelt allssamm aus.
Und er woaß von jed'n Haus,
Ob ma eppa gar a schlechte,
Ob ma eppa g'wiß de rechte
Zeitung lest. Er agatiert,
Daß ma schwarzi abanniert.
Und na is aa dös da Fall:
Is da Lehra liberal,
Muaß er'n hoamli übaschreib'n
Und scho wieda Galle speib'n.
Bei de Kass'n als Kassier
Fangt er seine Bauern für,
Und es kriagt de brave Chrischt
Bloß a Geld und künschtling Mischt,
Und er spiganiert und lust,

Handelt und vokafft und schmust
Fuattamittl, Dung und Straah, –
Meß les'n?
Meß les'n tuat er aa.

JAHRESWENDE
1913

Ich lob' es nicht, das alte Jahr,
Ich schimpf' es nicht. So wie es war,
So wie es jetzt noch vor uns steht,
Ehdenn es ganz von hinnen geht,
Verbraucht und alt, die Taschen voll
Von unerfüllten Wünschen, soll
Es meinethalb vergessen sein!

Das neue tänzelt nun herein,
Mit falschem Lächeln im Gesicht,
Die Augen leuchtend, und verspricht
Dem einen dies, dem andern das,
Und allen viel, und jedem was
Und spitzt das Maul, ist zuckersüß,
Das richtige Spinatgemüs!
Dem sag' ich – gebt mir erst noch Punsch! –,
Dem sag' ich: Ich hab' keinen Wunsch.
Bring, was du mußt, nicht, was ich mag,
Und fahre ab am letzten Tag!

AM ERSTEN AUGUST
1914

Es wurde still.
Ein ganzes Volk, es hielt mit einem
Den Atem an. Doch stockte keinem
Darum des Herzens Schlag.
So ging der Tag.
Dann senkt sich feierlich und milde
Der Abend über die Gefilde,
Und heiter blinkt und fern
Ein heller Stern,
Als wenn er's heut wie immer fände:
In allen Hütten müde Hände
Und gute Rast
Nach heißer Arbeit Last.
Horcht!
War's nicht, als hätt ein Ruf geklungen,
Ein Ton, als wie aus Erz gedrungen?
Da, – wieder! Auf!
Auf zu den Waffen! Auf!
Nun geht es brausend durch die Wälder,
Nun dröhnt es über stille Felder:
Die Wehr zur Hand!
Und schützt das Vaterland!
Auf springt das Volk, es reckt die Glieder,
Und keine Sorge drückt uns nieder.
Komm, was es sei!
Von Ungewißheit frei
Wir wollen es gemeinsam tragen
Und heute schon als Bestes sagen,
Daß man uns Hand in Hand
Als Brüder fand.
Dem Kaiser, der dies Wort gegeben,

Wird Dank in jedem Herzen leben.
Und jetzt, – hurra!
Du Mutter uns, – Germania!

REITERLIED

1914

Geht's zu Feld, ihr jungen Reiter,
Seid darum, ihr tapfern Streiter,
Edlen Ruhmes heut bedacht,
Wie sie in den alten Tagen
Mit dem Feinde deutsch geschlagen
Und bestanden seine Macht!

Sah die ganze Welt mit Rechten,
Daß sie als die Kühnsten fechten
Und auch seien stets voran,
Und der Feind in hellen Scharen
Hat es oftmals schon erfahren,
Was ein deutscher Reiter kann.

Drum er soll's auch heut ermessen!
Blast, Trompeter! Aufgesessen!
Frisch, ihr Reiter, rückt ins Feld!
Reitet unter alten Fahnen
Auf den alten Siegesbahnen,
Jeder als ein deutscher Held!

MEIN DORF
1914

Stille Täler, kleine Leute,
Wie hat uns das Schicksal heute
Mitten ins Getrieb' gestellt!
Jede Seele faßt ein Ahnen,
An die Herzen dringt ein Mahnen
Aus der einst so fernen Welt.

Sorge, die uns gestern drückte,
Freude, die uns einst beglückte,
Ist uns heute armer Tand.
Unser Denken, unser Leben
Ist mit einem hingegeben
An das große Vaterland.

Kräfte, die wir selbst nicht kannten,
Feuer, die verborgen brannten,
Lodern auf in heller Glut.
Und daß wir's mit Augen sehen,
Dieses köstliche Geschehen
Bleibe unser bestes Gut!

ENDLICH!
1914

Er war uns lange Zeit so fern
Auf seinem Inselstrande,
Wir wollten ihn wie oft und gern
Nur einmal auf dem Lande! ...
Da regt sich endlich was im Meer,
Es plätschert im Gewässer,
Der liebe John schwimmt zu uns her;
So haben wir ihn besser.
Ha – hamm – hammer dich emol, emol, emol
Bei dei'm verrissene Kamisol,
Du schlechter Kerl! Du schlechter Kerl!

Jetzt, Michel, – in die Hand gespuckt!
Und nimm den gröbsten Stecken!
Wie oft hat dir die Faust gejuckt!
Jetzt endlich kann es flecken –
Jetzt hau ihm – hau ihm auf den Kopf
Und zeig mit jedem Hiebe
Dem unverschämten, eitlen Tropf
Die lang verhalt'ne Liebe!
Ha – hamm – hammer dich emol, emol, emol
Bei dei'm verrissene Kamisol,
Du schlechter Kerl! Du schlechter Kerl!

Gesegnet sei der Tschenräl Frensch!
In Ewigkeit gepriesen!
Was hat der wundervolle Mensch
Für Gutes uns erwiesen!
Er liefert ihn in unsre Hand,
Den heißgeliebten Vetter, –
Wir reden endlich miteinand, –

Kreuz siedigs Donnerwetter!
Ha – hamm – hammer dich emol, emol, emol
Bei dei'm verrissene Kamisol,
Du schlechter Kerl! Du schlechter Kerl!

Die Hosen runter, liebster John!
Jetzt geht was in die Binsen!
Jetzt zahlen wir die Schuld, mein Sohn,
Mit Zins und Zinseszinsen!
Und sind wir quitt, und sind wir quitt,
Kriegst du noch Extrahiebe;
Es ist von wegen das, damit
Du siehst die alte Liebe.
Ha – hamm – hammer dich emol, emol, emol
Bei dei'm verrissene Kamisol,
Du schlechter Kerl! Du schlechter Kerl!

ENGLISH SONG OF THE WAR
Das Gedicht ist mit einem Knödel im Mund zu lesen
1914

England *has a little war!*
Aber fern von der Gefahr
Sitzen Tom und Fred und Beß
Ganz vergnügt and pityless,
Essen toast und trinken tea.
Oh! The little war on sea!

Muttonchop and steak and peas,
Strawberry jam and Stilton cheese
Schmecken Tom und Beß und Fred.
Wieviel *Germans* sind schon *dead?*
Deutschland geht zugrunde? Wie?
Oh! The little war on sea!

Tom sagt zwar: Es kostet *money,*
Aber dann – *oh, give me honey!* –,
Dann gibt's nichts mehr in der Welt,
Nichts, was uns die Stange hält,
Nichts mehr *made in Germany,*
Oh! The little war on sea!

Pitsch und Patsch und Plomperomplom!
Wo sind Beß und Fred und Tom?
Sind zerrissen kurz und klein,
Bomben schmiß *the Zeppelein,*
Hier ein Kopf und dort ein Knie, –
Autsch! *The little war on sea!*

DER ERSTE SCHNEE
1914

Das letzte Lied hat ausgeklungen,
Das dir der Seewind noch gesungen,
Und lind und sacht
Hat dir der Schnee dein Bett gemacht
Und dich in tiefste Ruh' gewiegt.

Mein Kamerad, nun magst du träumen,
Wie unter den verschneiten Bäumen
So fern und weit
Zur stillen Zeit
Dein deutsches Haus im Frieden liegt.

CHRISTMETTE IN FRANKREICH
1914

Du stille Nacht,
Wie hast du Freude uns gebracht!
Wie war die fremde Kirche nicht
Mit einemmal so hell und licht!
Wie dehnte sich der Raum so weit!
Da lag in seiner Herrlichkeit
Das Vaterland.
Nicht wie es sonst vor Augen stand,
Ach, nur davon ein kleines Stück,
In dem sich uns das Erdenglück
Zusammendrängt. Ein stilles Haus
Im Heimatdorf. Es dringt heraus
Ein freundlich warmer Lichterschein.
Sie müssen wach zur Stunde sein
Und rüsten sich zum Kirchengang
Den tief verschneiten Weg entlang.
Wie man so neben ihnen geht,
In fernster Ferne noch versteht,
Was einer leis zum andern sagt
Und still nur mit den Augen fragt ...
Die Orgel schweigt. Das Lied ist aus,
Versunken sind nun Dorf und Haus,
Versunken, was am Heiligen Christ
So heimatlich gewesen ist.

DIE HAUPTSACHE

1915

Deutscher Feldherr, wenn du siegtest,
Russe, wenn du Prügel kriegtest,
Frankreich, England, was ihr machtet,
Dieses wird mit Ernst betrachtet
Obergutachtlicherseits
In Italien und der Schweiz.
Ob's euch oder nicht geglückt,
Merkt ihr selber zwar sofort, –
Doch das »Wie«, – dem wird nur dort
Erst der Stempel aufgedrückt.
Tja! Dem Feldherrn wie dem Dichter
Werden halt die rechten Lichter
Vom Besprecher aufgesteckt,
Dessen Lob man stets bezweckt.
Hindenburg sagt auch deswegen
Jedesmal auf Siegeswegen:
»... Freilich tut man, was man kann,
... Aber was sagt Stegemann?«

OSTPREUSSEN
1915

Heimaterde,
Du, zerstampft von wütenden Rossen,
Du, mißhandelt, zerwühlt von Geschossen,
Darfst nicht ruhen.
Fleißige Hände,
Die im Unglück nicht feiern wollen,
Führen den Pflug und wenden die Schollen,
Säen und hoffen.
Hüte die Saaten!
Die im Kampfe für dich nicht wankten,
Mit dem Leben dir Treue dankten,
Werden dich segnen!

AM SAN
1915

Wo ist die Heimat? Ach, so weit!
Wer über hundert Hügel geht,
Wer auf dem höchsten Berge steht,
Kann sie noch nicht erschauen.

Wir hören's wohl im frohen Mai,
Es grüne in der gleichen Welt
Der deutsche Wald, das deutsche Feld,
Und wollen schier nicht trauen.

Wo liegt die Heimat? Ach, so nah!
Ich weiß mit jedem Herzensschlag,
Daß nichts von ihr mich scheiden mag,
Nicht Berg und Fluß und Auen.

NACH RUMÄNIEN
Bayrisches Marschlied
1916

Mit 'n Muckl
Auf 'n Buckl
Müaß ma wieda losmarschier'n.
Wo's hi geht,
Wiss' ma net,
Tean ma'r a net nachsinnier'n.

Rechts und links
Braucht ma'r ins,
Wo's halt was zum Raffa geit.
Woaß ma's scho,
Wer was ko,
Ja, mir Boarn han volla Schneid.

Waar ja recht,
Bal's as möcht
Und da Kriag gang bald auf's End'.
Ko's net sei,
Hau' ma drei,
Himmiherrgottsakrament!

ANHANG

LUDWIG THOMA, als klassischer Lausbub, Erzähler, Satiriker, Dramatiker & Dichter ein bayrisches Urgestein und ein deutscher Schriftsteller von mehr als lokalem Rang, wird am 21. Januar 1867 in Oberammergau in eine kinderreiche Försterfamilie geboren; er studiert selbst Forstwissenschaft, später Jura, wird Anwalt in Dachau, dann in München, schreibt gelegentlich für die 1896 gegründete satirische Wochenschrift «Simplicissmus», dann mehr, dann regelmäßig, wird deren Redakteur, dann Chefredakteur, veröffentlicht dort als solcher u. a. erste Erzählungen von Thomas Mann wie *Der Wille zum Glück* & *Schwere Stunde*. 1906 wird er mit Hermann Hesse Herausgeber der Kulturzeitschrift «März». Freundschaft mit dem bayrischen Heimatdichter und Jagdgenossen Ludwig Ganghofer. Thoma ist ein scharfer, pointierter, lokal verwurzelter Kritiker jeder Art von Scheinheiligkeit. Besonders Kirche & Staat, besonders den wilhelminisch-preußischen, aber auch sein bayrisches Königreich nimmt der passionierte Jäger ins Visier. Wegen Beleidigung des Sittlichkeitsvereins muss er eine sechsmonatige Haftstrafe absitzen. Er schreibt gut, leicht, schnell und viel; seine Gesellschaftskomödien wie *Die Lokalbahn*, 1902, besonders *Moral*, 1908, feiern Triumphe; auch seine *Lausbubengeschichten* oder *Jozef Filsers Briefwexel* machen den Autor reich und berühmt. Eine Ehe geht bald auseinander, die Große Liebe bleibt unerreichbar. Der erste Weltkrieg, den er freiwillig als Sanitäter mitmacht, führt zu einem deutschnationalen, antidemokratischen Gesinngswandel, der seinen Ruf & Rang als kritischer, kämpferischer, komischer Freigeist, der er vor 1914 war, zu Unrecht beschädigt hat.

Er stirbt am 26. August 1921 an Magenkrebs in seinem Haus in Tegernsee.

Seine Gedichte, die hier erstmals getreu nach den Erstausgaben versammelt vorliegen, sind gemessen an seinem Gesamtwerk gewiß Neben– aber doch auch Meisterwerke.

LUDWIG THOMA.

Zum Gedächtnis des 60. Geburtstags. Aus einer Rede.
Von Oskar Maria Graf.

Wenn man von Ludwig Thoma redet, so tauchen in unserer Erinnerung nicht nur die unzähligen Gestalten auf, die er immer und immer wieder mit der ganzen Schärfe seiner Beobachtung gezeichnet hat, sondern es steht vor allem die Zeit auf, in welcher er sich so schnell die Popularität errang. Dies muß betont werden, denn kein Dichter – und um einen solchen handelt es sich, trotz des oft überwiegend Schriftstellerischen an ihm – ist so unmittelbar aus seiner Zeit hervorgegangen, als dieser Försterssohn aus der Vorderriß. Aus allen seinen Werken, mögen sie nun kämpfen, um was immer sie wollen, redet die Zeit und ihr Bewegendes. Und da fällt bei nur flüchtiger Betrachtung vor allem die Lebhaftigkeit dieses gewiß bodenständigen Menschen auf. Dieser scheinbar stetige Bayer hat fast etwas von einer gutredigierten Zeitung an sich – überallhin hat er seine wachsamen Fühler ausgestreckt, alles berührt er, wird angeregt davon und nimmt waghalsig dazu Stellung. Unbeirrbar kämpft er um das Lebendige und entlarvt kampffroh das Leblose an Menschen, Dingen und Einrichtungen.

Dies an sich wäre aber noch nicht einmal so seltsam, sich um Dinge, die einem auf dem Herzen liegen, zu streiten. Das Entscheidende ist bei einem Menschen ist stets das Wie.

Wer von uns erinnert sich nicht an die Zeit, als Thoma seine ersten Bauerngeschichten und Satiren im Simplicissimus veröffentlichte. Wem von uns fällt bei solcher Gelegenheit nicht ein solch derbes, saftiges Sächlein ein, bei dem er unwillkürlich ausrief: »Endlich einmal wieder ein echter Kerl!«

Warum freuten wir uns denn alle so darüber? Warum ging uns denn alles so an? Warum war uns denn das alles so neu und so lebendig? Warum riß uns denn dieser echte Kerl so mit? Gewiß, er griff Dinge und Einrichtungen an, an denen jeder etwas auszusetzen hatte. Sein Spott sprühte nur so, seine Schärfe und Derbheit ließen ganz Deutschland aufhorchen. Er

warf seine Brandfackel in die schwärzeste Finsternis, die
damals sich allenthalben in Deutschland mächtig fühlte. Licht
und Leben verbreitete er, Kampflust spornte er an, und ein
schallendes Gelächter dankte ihm. Er »derbleckte« – wie man
als Bayer sagt – das Wilhelminertum und jene klägliche letzte
deutsche Herrschergestalt mit einer solch saftigen Grobheit,
mit einem derartigen Witz, wie man ihn lange nicht mehr
erlebt hatte. In seinen Lebenserinnerungen erzählt er, ein wie
mittelmäßiger, ja fast ungeeigneter Anwalt er war – mit der Fe-
der aber, auf einmal, beweist er sich um so kühner als solcher.

Und doch war es nicht nur das Gelächter, das wir anstimm-
ten, als er begann. Wie er schrieb, wie er etwas ansah und es
uns übermittelte, das besiegte uns. Er holte nichts herbei, er
erfand nichts, er griff nicht in die Bezirke weiß Gott welcher
Geistigkeiten und Welten, er faßte – man könnte fast sagen –
alles nach ererbtem, bayerischem Brauch an. Der Boden, auf
dem er gewachsen war, das Volk, dem er entstammte, trugen
ihm gleichsam die Sprache zu, und dieses Deutsch war ein viel
farbigeres als das herkömmliche. Es war ungleich deutlicher
und überzeugender. Ein Handwerkszeug war es, das – einmal
aufgefunden – in seiner lapidaren Gewalt fast einzig zu nennen
ist. Und indem Ludwig Thoma ebendieses Handwerkszeug
ganz ausnützte, bereicherte er den Sprachschatz überhaupt.
Wer z. B. jemals die Werke von ihm rein daraufhin durchliest,
wird Worte finden, die wir erst seit Ludwig Thoma in ihrer
Ursprünglichkeit kennen und schätzen, Worte von einer Bild-
haftigkeit, wie wir sie kaum wieder erlebten. Wir erlebten sie,
weil sie alles Nachdenken um andere Benennungen auf einmal
in uns auslöschten, weil wir so völlig zufrieden waren mit dem,
was da in diesen Sätzen gesagt und vor allem, wie es geprägt
war, daß wir es uns nicht mehr anders vorstellen wollten.

Dies macht einen guten Teil der Bedeutung Thomas aus.
Das ist das Außerordentliche dieses wahren Volksdichters, daß
er den Ton von Heimat und den Klang des Volkes in ihm
durch seine Sprache selbst dem Fernsten glaubhaft machte.

Und wenn heute bayerisches Denken, bayerische Art der
Auffassung und der Auslegung in Norddeutschland nichts

Fremdes mehr sind, so ist das fast ausnahmslos sein Verdienst. Auf eine viel haltsamere Art hat er durch sein Dichten – wie man so schön politisch sagt – etwas bis dahin spezifisch in sich Beschlossenes dem allgemeinen Deutschland einverleibt.

Ich habe versucht, ein ungefähres Bild von der Eigenart Thomas als Dichter und Sprachenschöpfer zu geben. Sehen wir uns nun den Satiriker seiner Zeit näher an, besonders den politischen. Satire ist kritischer Spott, der im tiefsten Sinne aus einer unzufriedenen Liebe wächst. Eine solche Art, sich mit dem, was einem auf dem Herzen liegt, auseinanderzusetzen, hat nichts zu tun mit geistreichem Hohn und mit Witz um des Witzes willen. Eine sittliche Absicht steht hinter dem Satiriker, die empörte Sachlichkeit führte seine Feder. Der Witz ist dabei etwas Untergeordnetes, niemals das Ausschlaggebende. Vielmehr ist das, was man gemeinhin als gesunden Menschenverstand bezeichnet, und was eben dieser als gültig anerkennt, für den echten Satiriker der Ausgangspunkt und das Treibende.

Propheten mögen neue Wege weisen, Utopisten Nebelschlösser bauen und ihrer Zeit eine mehr oder minder phantastische Zukunft entgegenstellen, die in ihrem Geist als Bild schon geformt ist. Der Satiriker bleibt immer im Kreise seiner Zeit, und wenn er sich auch noch so gegen sie stellt, er ist ohne sie nie zu denken.

Um nur einige zu nennen: Cervantes und Rabelais, Erasmus und Ulrich Hutten, Voltaire und Jonathan Swift und wohl auch Grabbe und Heinrich Heine – wenn man bei ihm die Eitelkeit des oft überschlagenden Witzigseinwollens abzieht – waren Satiriker. Sie alle wirkten für ihre Epoche und stemmten sich gegen das Verdüsternde in dieser. Sie alle kämpften um den Sieg des gesunden Menschenverstandes schlechthin.

Und wenn auch ein weiter Weg von ihnen bis zu Ludwig Thoma führt. Er ging von derselben Mitte aus. Er – der in seinen Lebenserinnerungen gelegentlich seines Aufenthaltes in Stuttgart, als er die beiden Brüder Hausmann kennenlernt, selber einmal eingesteht, daß er im Grunde eine unpolitische Natur sei –, er wirft sich mit seiner ganzen derben Kraft gegen das Mucker- und Byzantinertum der verflossenen wilhelmini-

schen Ära. Er steht auf wie ein ungehobelter Bauer seiner Hei-
mat und sagt allen scheinbar Hohen und Höchsten, allem kal-
kigen Kastengeist und aller Überheblichkeit Dinge ins Gesicht,
die der einfache Mensch längst erkannte, weil sein Instinkt sich
gegen das Eingezwängte und Unmenschliche an ihnen stellte.
Er wird fast ungewollt zum politischen Anwalt aller Empör-
ten, weil aus ihm der Mensch mit seinem unvoreingenomme-
nen Verstand spricht.

Man ist fast versucht zu sagen: Er trat in die Welt und sah
sich schon von klein auf umringt von allen finsteren Gewalten,
die das Leben der Menschen zueinander feindlich machen.
Wie grausam wahrhaftig sind z. B. die Geschichten aus seiner
Schulzeit! Welches Zerrbild unserer sogenannten Erziehung
rollt sich vor uns auf, wie sicher entlarvt er die Vertrocknetheit
seiner Lehrer. Mir ist im Augenblick die Erzählung von seiner
ersten Liebe im Gedächtnis. Er hat sie im ersten Bande seiner
Lausbubengeschichten heiter und mit einem gewissen über-
heblichen Lächeln des nun längst aus solcher Muffigkeit Be-
freiten erzählt. Auch wir müssen lachen und fassen uns an den
Kopf, wie ein doch gewiß nicht mehr in den Verwirrungen er-
ster Jugend stehender Lehrer ein solcher Kindskopf sein kann,
wie ein Mensch mit einem einigermaßen unangekränkelten
Verstand in eine solch geradezu grotesk unwahrscheinliche
Empörung fallen kann, weil er einen harmlosen Brief seines
Schülers findet, den dieser an eine eingebildete Flamme
schreibt.

Liest man aber diese Geschichte ihrem wahren Sachverhalt
nach noch einmal in den Erinnerungen Thomas, so vergeht
einem das Lachen. Man wird bitter dabei. Die ganze grausige
Verwirrtheit und Stockköpfigkeit des Systems solcher Jugend-
erziehung wird man mit einem Male inne, und wenn man dann
von Thoma – diesem absolut vollebigen, heiteren und sinn-
lichen Menschen – am Ende dieses Berichtes das Geständnis
liest, daß er damals nahe daran war, sich das Leben zu nehmen,
so glaubt man es vollkommen.

Es ist überhaupt lehrreich, gerade die Lebenserinnerungen
Thomas zu lesen und von da aus Vergleiche mit seinen Erzäh-

lungen zu ziehen. Man gewinnt eine viel tiefere Beziehung zu seinem Schaffen, denn alles, was er aus sich herausschrieb, war autobiographisch in irgendeiner Art. Selbst sein reifstes Buch, das für mich überhaupt eines der ergreifendsten Werke der neueren deutschen Romanliteratur ist, »Der Wittiber«, ist nichts anderes als eine weitergeführte Autobiographie, denn hierin spricht sich der erschütterte Thoma aus; etwas erzählt er, was er sein Leben lang ängstlich vermieden hat, seine Beziehung zur Frau. Es ist gewiß wahr, viel von Ludwig Thoma ist für den Tag geschrieben. Leicht ging's ihm von der Hand, und er hat nicht immer mit letzten Maßen gemessen. Ich möchte fast sagen, der schnelle Erfolg hat seinem Schaffen in vielfacher Hinsicht die Tiefe genommen. Er war keiner von den Schwerblütigen, wiewohl er mitunter damit kokettiert. Lena Christ, eine weibliche Gegenspielerin, ist in jedem ihrer Werke unvergleichlich erlittener und aufwühlender. Joseph Ruederer hat das Bohrende, das einem Thoma vollkommen abgeht. Ein oft völlig ausgelöster, unerbittlicher Haß lodert aus ihm, während bei Thoma jene in Bayern so gefährliche, untätige und vielleicht reifere Ironie wirkt, die unserem Stamme eigen ist. Im »Wittiber« aber hat sich das epische Element und die innere Aufgewühltheit dieses geborenen Erzählers ganz ineinandergemengt und ein unvergleichliches Werk ist daraus gewachsen.

Aber ich wollte beim Satiriker Thoma bleiben und bin etwas abgewichen von meiner Absicht. Sie werden mich nun verwundert fragen: Was war es denn dann an diesem Schriftsteller, was ihn gerade so zu diesem Beruf prädestinierte?

Ich will von allen Umwegen absehen und verständlicher reden: Nehmen wir einmal einen Bauern, der – so wie er ist – ohne sein Zutun ins Gewirr unserer Gesellschaft kommt. Sehen wir uns einmal diesen Bauern genauer an. Sein ganzes Herkommen, sein Verwachsensein mit der Natur, seine lebenslängliche Arbeit mit der Erde und mit nichts anderem, haben ihn zu einem völlig unmittelbaren Menschen gemacht. Er ist in allem überlegener als wir, weil er über keine angelernte Klugheit, sondern über eine instinktive Klugheit verfügt. Er hat keinen Geist wie wir, aber er hat einen konkreten Verstand. Ihm werden von vornherein all unsere Angelegenheiten und Wichtigkeiten seltsam verschroben vorkommen. Er sieht schärfer in unsere hohle Weisheit, in unsere Geziertheiten, in unsere Heuchelei. Wird er gezwungen, in dieser Gesellschaft zu bleiben, so wird er wie von selbst gegen sie aufstehen. Je nach seiner Veranlagung wird er sozusagen mit dieser ganzen Unnatur zu prozessieren anfangen oder sonstig dieses ihm Fremde abwehren, nicht etwa, weil er diese Gesellschaft umändern will, nicht etwa, weil er an ihre Stelle eine andere, bessere setzen will, sondern er wird dagegen aufstehen aus einer rein individuellen, völlig natürlich-egoistischen Empörung heraus. Auf diese Weise wird er aus seiner Einzelheit ins Allgemeine gestoßen – mit einem Male sieht er sich umringt von einer ihm bis dahin unbekannten Öffentlichkeit, und er – der bis jetzt immer im Privaten sich bewegt hat – wird selber ein öffentlicher Mensch. Er wird politisch.

Dies ist, flüchtig gesagt, der Gang Ludwig Thomas vom Bauernschilderer zum politischen Satiriker. Er war nicht geschaffen dazu, sondern – wenn ich's recht ausdrücken will – die ganze Unnatur um ihn herum zwang ihn dazu. Eigentlich befand er sich sein Leben lang – und dies ist das echt Bäuerliche an ihm – in, gewissermaßen, einer ständigen Abwehrstellung. Die Schule in der Stadt greift in seine Eigenwilligkeit, versucht sein ursprüngliches Wesen zu vernichten. Er stemmt sich gegen sie. Später, als Rechtspraktikant und Anwalt, entschleiert sich ihm das sogenannte Gesetz, die Gerichtsbarkeit. Und die Richter entpuppen sich als lebensfremde Menschen, als ausgetrocknete Gehirne. Er stellt sie rücksichtslos in ihrer Beschränktheit bloß. Er nimmt ihnen alle Würde, und es stehen vor uns auf einmal die engsten, schrullenhaftesten, kläglichsten Erdengeschöpfe. Das Gesetz wird eine Farce, die Gerichtsbarkeit eine einzige Verfehlung wider alle gesunde Vernunft, wenn er sie – so wie er sie sah und erlebte – schildert.

Und immer größer wird der Kreis. Schule, Gerichtssaal, Gesetz und Richter sind nur Ausflüsse seines Systems, antwortet er sich selber nach einigem Nachdenken und dringt vor bis zu jener Stätte, von wo aus sozusagen dieses ganze Wirrsal

erzeugt wird, zur Volksvertretung, zur Regierung und schließ-
lich bis zum Kaiser. Er besieht sich alles mit der ihm eigenen
Eindringlichkeit. Alle Ströme des Einflusses, und sind sie auch
noch so unterirdisch, erspäht er.

Nie hat einer so schnell zu seinem eigentlichen Beruf ge-
funden, als er. Und wie er ihn zu nützen verstand, das zeigen
am besten seine »Briefe eines Landtagsabgeordneten« und
seine Grobheiten im Simplicissimus, die er unter dem Pseud-
onym Peter Schlehmil veröffentlichte. Und nie hat einer schnel-
ler Eingang in die Herzen der Aufrechten in Deutschland ge-
funden, als dieser durch und durch urwüchsige Grobian. Das
war kein Witz um des Witzes willen mehr. Die Briefe Joseph
Filsers sind echt und glaubhaft, weil der Bauer darin ganz ins
Menschliche gerückt ist. Man liest sie heute noch mit genau der
gleichen Überwältigung, man fragt gar nicht nach der ent-
schwundenen Zeit und nach den entschwundenen Männern,
die damals eine Rolle spielten.

Der Dichter Thoma und der kritische Spötter Thoma
haben hier mit gänzlicher Ausgeglichenheit am Werke ge-
formt, und nie wieder hat er diese Schlagkraft erreicht. Man
möchte es jedem jungen Menschen, der in die sogenannte
Politik tritt, in die Hand geben, dieses Buch, damit er seine Illu-
sionen verliert und sich daraus eine Meinung aneignet.

Gerade wenn man heute die damals inkriminierten Verse
Thomas gegen die Sittlichkeitsvereine liest, merkt man deut-
lich, wie unvergleichlich mächtiger – sowohl dem dichterischen
Gehalt nach, wie auch in seiner satirischen Stärke – die Filser-
briefe sind. Wirken diese Gedichte auch heute noch mitunter
recht belustigend und peitschend, so haben sie doch bereits
eine gewisse harmlose Antiquiertheit für den heutigen Men-
schen. Ihnen haftet das Zeitgemäße und für den Tag Be-
stimmte zu sehr an, und auch dichterisch sind sie keineswegs
überwältigend. Thoma selber wird sie auch nie als Ewigkeits-
werte anerkannt haben, und sicher hätte er viele dieser Verse
nicht mehr in sein Gesamtwerk aufgenommen.

Immer hat Ludwig Thoma unversteckt gesagt, was er für
dumm und gefährlich hielt. Und dies ist seine Stärke, gerade

wenn er etwas angreift, daß er nicht zu suchen braucht nach einer Meinung. Darum traf er stets ins Ziel, weil er nur aus sich selber schöpfte. Nie hat er sich zu einem Programm oder zu einem System bekannt, und was für Parteien und Gruppen sich auch um ihn stritten, wer ihn auch zu seinen Lebzeiten und nun nach seinem Tode zu seinem Wortführer machen will – nie wird man ihn einreihen können. Er war Ludwig Thoma, nicht mehr und nicht weniger. Er war ein Kopf für sich, ein echtes Herz und ein eigener Mensch. Und eben weil er dies mit allem, was dazu gehörte, völlig war, darum war ihm auch alles menschlich.

Möchten doch alle die, die so selbstgefällig und meinungslos über ihn zu schwätzen verstehen, einmal genauer lesen.

Ich kenne keinen echteren und liebenswerteren Patrioten als ihn, denn er liebte – was ich glaube Thomas Mann einmal so treffend sagte, als er dieser unserer deutschen Republik sein gewichtiges Wort gab – er liebte den Boden, auf dem er gewachsen war, er liebte die Heimat, die ihn umschloß, und sein Deutschland.

In Paris ist er und das ganze Wesen dieser Stadt ist ihm sogleich sympathisch und dennoch schreibt er's schlicht und echt hin, wie es ihm ums Herz ist.

»Aber wenn ich an stillen Frühlingsabenden auf den gepflegten Wegen (des Bois de Boulogne) spazieren ging und die Amseln pfeifen hörte, überkam mich doch ein Heimweh.

Es war mir erst recht wohl, als ich einige Wochen später in Finsterwald vor dem Sixtbauernhause saß. Und roch es auch nicht nach zartem Parfüm und klang es auch nicht nach silbernen Glöckchen, die Frühlingsluft wehte stärker, derber und gesünder um mich.«

Viel wäre noch zu sagen, vor allem vom Humor Thomas müßte man noch sprechen, der selbst das Härteste bei ihm warm macht, anheimelnd und menschlich. Nun aber laßt uns noch einmal das Herz weit auftun und von dem reden, was dieses große Dichterherz dem ewigen menschlichen Herzen schon todesreif mit unvergänglicher Innigkeit gesungen hat. Ich meine »Die heilige Nacht«.

Es stockt mir das Wort. Ich finde keine rechte Erklärung mehr. Wie ein Mensch zu seinem menschgewordenen Gott spricht, jene bethlehemische Legende von der Geburt des ärmsten Menschen, der dennoch der größte ist, die Christgeschichte, die wir ja doch alle seit unserem ersten Kindheitsdenken in uns tragen, und die uns tausend und abertausendmal verunziert und verhäßlicht worden ist, hat er – der Ludwig Thoma aus Vorderriß – uns wieder ganz zu unserem Leben gemacht.

Hier hat ein Dichter das getan, was – ja, ich wage es zu sagen – kaum in Jahrhunderten wieder geschieht: Er hat ganz aus der Tiefe seines Volkswesens heraus eben diesem seinem Volke ein ewiges Mythos zum Denkmal gesetzt. Nicht zu einem steinernen, nicht zu einem unlebendigen, sondern zu einem wirkenden, einem ganz und gar lebendigen. Wie er's anfängt und wie er's erzählt, dies ist biblisch. Er lebt selber damitten und nichts an diesem Geheimnis ist ihm fremd. Und wenn ich hier nur einen einzigen Gesang, der von der Sprachkraft und der ungeheuren Frommheit dieses Gedichtes zeugt, hersage, so komme ich mir wahrhaftig vor, als säße ich noch einmal als glückliches Kind daheim in der winterwarmen Stube und würde beten zu meinem wirklichen Gott, den mir kein Dogma rauben kann, und den keiner so gut kennt als ich, nur ich, das wunderselige Kind:

> »Es mag net finsta wer'n,
> Es bleibt so hell,
> Es rucken Mond und Stern
> Net von da Stell.
> Sie hamm wia Liachta brennt,
> So still und klar,
> Als waar dös Firmament
> A Hochaltar.
> Und 's is so wundafei,
> Wia 's obaklingt!
> Dös muaß da Herrgott sei,
> Der 's Hochamt singt.«

Wer so aus seiner Natur heraus vom Höchsten redet, der hat sich wahrhaftig über Zeiten und Menschen erhoben, ist über die Vergänglichkeiten hinausgewachsen, ist ewig geworden. Und dies ist ja doch wohl des Dichters Gang, daß er immer wieder vom Ursprung zum Ursprung findet …

Mag das Laute die Tage beherrschen, mögen Größere gewesen sein und noch kommen, dieser Vorderrißer war innig. Und *das* ist das Pfund des *Dichters*.

Aus: »Das Welttheater« – Zeitschrift der Münchener Volksbühne, 1925/26/27, Drittes Heft. Hrsg. vom Kunstbeirat. Geleitet von Dr. Ernst Leopold Stahl.

www.oskarmariagraf.de
Oskar Maria Graf Gesellschaft
Literaturhaus München
info@oskarmariagraf.de

REGISTER DER *TITEL* & GEDICHTANFÄNGE

INHALTSVERZEICHNIS

GROBHEITEN

NEUE GROBHEITEN

»PETER SCHLEMIHL«

MORITATEN

KIRCHWEIH

MÜNCHNER KARNEVAL

GEDICHTE AUS DER WERKAUSGABE

EIN MÜNCHNER IM HIMMEL

Geschichte von Ludwig Thoma

Alois Hingerl – Dienstmann Nr. 172 am Münchner
Hauptbahnhof – erledigte einen Auftrag mit solcher Hast,
daß er vom Schlag getroffen zu Boden sank und starb.
Zwei Engerln schleppten ihn mit vieler Mühe in den
Himmel, wo er vom Heiligen Petrus empfangen wurde.
Petrus eröffnete ihm zuerst, daß er von nun an auf den
Namen »Engel Aloisius« zu hören habe, überreichte ihm
eine Harfe und machte ihn mit der himmlischen Haus-
ordnung bekannt: »… von morgens 8 Uhr bis mittags
12 Uhr: frohlocken; von mittags 12 Uhr bis 8 Uhr abends:
Hosianna singen.«
»MmmHmm – ja, wann kriagn na i wos z'trinka?«
»Sie werden Ihr Manna schon bekommen«, sagte Petrus
leicht indigniert und ließ ihn stehen.
»Auweh! Des werd sche fad – mei Liaba, da moan i aber,
da bin i neitret'n! Frohlocken?! A-a-a-a – eahm schaug o:
frohlock'n müaßat i da herobn … i hab gmoant, i kumm
in Himmi…?!«
Und während er noch so vor sich hinbrummelte, sah er
plötzlich einen roten Radlerengel auf sich zukommen
und sofort erwachte in ihm die alte Wut auf diese ver-
meintliche Erdenkonkurrenz und er schrie den roten
Radlerengel an: »Ja, seids es da do herobn, ehs Hunds-
buabn, ehs miserabligen?! Laß di do bloß net bei mir
blicke, gell? Sonst fangst a baar!« Und für alle Fälle ver-
setzte er dem roten Radlerengel ein paar kräftige Hiebe
mit dem erarischen Himmelsinstrument. Daraufhin war
ihm bedeutend wohler, und er setzte sich, wie ihm
befohlen, auf eine Wolke und begann zu frohlocken:
»Halleluja - - - Halleluja - - - Halleluja - - - Halleeeee-
luja …«

Ein völlig vergeistigter Engel schwebte an ihm vorüber.
»Hallo, Sie! Hallo – pssst – hallo – ham's koan Schmaizla?
An Schnupftabak – ham's nix? A Pris? – Geh weida,
fahr oane her!«
Der Durchgeistigte sah ihn nur völlig entgeistert an,
lispelte nur »Hosianna!« und flog von hinnen.
»Ja – ja, was is jetzt des für a Depp für a damischer?
Ja – na, na, na na hast hoit koan Schmaizla – wenn ma
scho anständig fragt, werd ma doch a anständige Antwort
kriag'n kenna, – gscherte Ruab'n, gscherte, – Eng'l …
boaniger!!! Mei Liaber, da werd a so a Zeigl herom sei!
A-a-a-a-a, was steh i aus!«
Und er setzte sich wieder auf seine Wolke und begann
erneut zu frohlocken; allerdings bedeutend zorniger!
»Halleluja – Luja – Luja sag i – zäfix Halleluja – Luja!!!«
Er, er schrie so, daß der liebe Gott nebenan von seinem
Mittagsschlaf erwachte … und ganz erstaunt fragte:
»Ja, was ist denn da für ein Lümmel heroben?«
Er schickte sofort zu Petrus – der kam angerast – und sie
hörten zusammen den Engel Aloisius frohlocken:
»Luja! – Sacklzementhalleluja – luja, sag i – Mei Liaber:
Luja!!!«
Petrus raste los und schleppte den Aloisius vor den
lieben Gott.
Der sah ihn sich lange an – drauf sprach er: »Aha – ein
Münchner! Ja sagen Sie mal, warum plärr'n Sie denn da
heroben so unanständig?«
Da kam er beim Aloisius aber grad an den Richtigen!
Der war mitten drin in der Wut und legte nun los: »Ja, —
ja was glaub'n denn Sie! Weil mir da herob'n im Himmel
san da, da müaßat I da singa wia a Zeiserl, was? Waas?
Und z'trinka kriagat i überhaupts nix – mei Liaber:
a Manna hat er g'sagt, a Manna kriagat i! Mei Liaber,
da wennst ma net gehst mit Dei'm Manna, gell, den

kennts selber saufa, des sag i Eich, aber i trink koan
Manna, daß Di auskennst! Und singa tua i überhaupts net,
i hab no nia g'sunga, da sing i erst recht net …«
»Petrus«, sagte der liebe Gott, »mit dem können wir hier
nichts anfangen. Nun, für den habe ich eine andere
Aufgabe – der soll meine göttlichen Ratschläge der
Bayerischen Regierung überbringen. Auf diese Weise
kommt er jede Woche ein- oder zweimal nach München –
und dann hat die liebe Seele ihre Ruhe …«
Als Aloisius das hörte, war er sichtlich froh. Er bekam
auch gleich den ersten Auftrag – einen Brief – und flog
damit los.
Und als er plötzlich Münchner Boden unter den Füßen
fühlte, da war es ihm, als sei er im Himmel.
Und einer alten Gewohnheit gemäß führte ihn der Weg
hin zum Hofbräuhaus, und er fand seinen Stammplatz
wieder, fand den Stammplatz leer, und die Kellnerin,
die Kathi, kam auf ihn zu … und er bestellte sich eine
Maß, und bestellte sich noch a Maß, und er vergaß seinen
Brief und seinen Auftrag, und b'stellt sich no a Maß,
und no a Maß und no oane … und da sitzt er heit no.
Und so wartet die Bayerische Regierung bis heute
vergeblich auf die göttlichen Eingebungen.

Lyrik im Haffmans Verlag
bei Zweitausendeins

DIE KOMISCHEN DEUTSCHEN
881 gewitzte Gedichte aus 400 Jahren.
Herausgegeben von Steffen Jacob.
Dazu die CD DIE KOMISCHEN DEUTSCHEN – DAS HÖRBUCH
mit Katharina Thalbach, Harry Rowohlt, Gerd Haffmans
& Steffen Jacobs.

DIE LIEBENDEN DEUTSCHEN
881 entflammte Gedichte aus 400 Jahren.
Herausgegeben von Steffen Jacob.

DIE FEIERNDEN DEUTSCHEN
669 festliche Gedichte durch den Tag,
durch das Jahr und durch das Leben.
Herausgegeben von Fritz & Katinka Eycken.

CHARLES BAUDELAIRE
DIE BLUMEN DES BÖSEN
Les Fleurs du Mal
in der Umdichtung von Stefan George.

WILHELM BUSCH
DIE GEDICHTE
Herausgegeben und mit einem Nachwort
von Gerd Haffmans.

GOETHE
DIE LIEBESGEDICHTE
Ein Handbüchlein der angewandten Poesie.
Herausgegeben von Fritz & Katinka Eycken.

HEINRICH HEINE
DAS POETISCHE WERK
Alle Gedichte und Erzählungen sowie Memoiren.
Herausgegeben von Fritz & Katinka Eycken.

STEFFEN JACOBS
ANGEBOT FREUNDLICER ÜBERNAHME
Lyrik der Lust, Liebes- & Lebens-Pein.

ERICH KÄSTNER
DIE GEDICHTE
Ein Gebrauchsbuch mit Gebrauchslyrik.

CHRISTIAN MORGENSTERN
DIE GALGENLIEDER
Herausgegeben von Gerd Haffmans.

RAINER MARIA RILKE
DAS DICHTERISCHE WERK
Alle Gedichte und Erzählungen
sowie der einzige Roman.
Herausgegeben von Fritz Eycken.

JOACHIM RINGELNATZ
DIE GEDICHTE
Getreu nach den Erstausgaben
herausgegeben von Fritz & Katinka Eycken
mit Jakob Winter.

PETER RÜHMKORF
AUS DER FASSUNG · SELBST III/88
Ein Gedicht
& seine Entstehung.

✦

www.Zweitausendeins.de